PRÉSENTATION

L'exposition *Géo Ham, peintre de la vitesse, maître de l'affiche*
est présentée à Laval du 10 novembre 2007 au 2 mars 2008.

Commissariat

Xavier Villebrun, directeur des musées, patrimoine, arts visuels
Cynthia Beaufils, attachée de conservation à la direction
des musées, patrimoine, arts visuels

Scénographie

Lucie Lom, Philippe Leduc et Marc-Antoine Mathieu, graphistes
et scénographes

Production

Philippe Fuzeau, photographie
Laurent Ory, photographie, service communication
Loïc Saudrais, régie et logistique, direction des musées,
patrimoine, arts visuels
Marie-Claude Lebordais, gestion administrative, musées,
patrimoine, arts visuels
Jacqueline Laurent, gestion administrative, musées, patrimoine,
arts visuels
Annie Prat, gestion administrative, musées, patrimoine, arts visuels

Communication

Stéphane Butny, directeur de la communication
Anne Nicolas, attachée de presse
Jacky Hameau, responsable de l'imprimerie
Marie-Laure Raffard, graphiste

PRESENTATION

The exhibition *Geo Ham, Painter of Speed and Master of Poster-Art*
is on show in Laval from November 10, 2007 to March 2, 2008.

Curators

Xavier Villebrun, Director of Museums, Heritage, and Visual Arts
Cynthia Beaufils, conservation attachée for the Direction des
Musées de Laval

Exhibition Design

Lucie Lom, Philippe Leduc and Marc-Antoine Mathieu, graphic and
exhibition designers

Production

Philippe Fuzeau, Photography
Laurent Ory, Photography, Communications Service
Loïc Saudrais, Location Management and Logistics, Museums,
Heritage, and Visual Arts
Marie-Claude Lebordais, Administration Management, Museums,
Heritage, and Visual Arts
Jacqueline Laurent, Administration Management, Museums,
Heritage, and Visual Arts
Annie Prat, Administration Management, Museums, Heritage, and
Visual Arts

Communication

Stéphane Butny, Communications Manager
Anne Nicolas, Press Officer
Jacky Hameau, Head of Printing Works
Marie-Laure Raffard, Graphic Designer

Le Pilote bleu, 1937
gouache, détail
Gouache, detail

REMERCIEMENTS

Que soient remerciés les auteurs pour leur contribution
au catalogue :
Hervé Poulain, commissaire-priseur associé à la maison
de vente Artcurial, spécialiste des rapports art-automobile et
président du Conseil national du marché de l'art, il a accepté d'être
le président d'honneur du Comité scientifique de l'exposition
Étienne Tonin, président de l'association Les Amis de Géo Ham,
spécialiste de l'œuvre de l'artiste
François Bruère, peintre officiel des 24 Heures du Mans,
diplômé de l'École nationale supérieure des arts appliqués
et métiers d'art

Nous tenons à exprimer notre sincère gratitude à ceux qui, par
leur précieux soutien, ont permis la réalisation de cette exposition :
Musée de l'Air et de l'Espace, Le Bourget : Christian Tilatti,
conservateur, Marie Prochasson, département des collections
d'art graphique
Musée de l'Hydraviation, Biscarrosse : Sylvie Berges, directrice
Musée de l'Automobile du Mans : Francis Piquera, directeur
Automobile-Club de l'Ouest, Le Mans : Jean-Marc Desnues,
directeur général adjoint, Hervé Guyomard, chargé de
patrimoine
Musée national du Sport, Paris : Anne-Laure Sol, responsable
des collections, Jean-Yves Guillain, coordinateur scientifique
Bibliothèque Forney, Paris : Thierry Devynck, conservateur

pour leurs conseils : Daniel Bayle, Cyrille et Jean-Pierre Melin,
Christian Huet ainsi que la galerie Vitesse : Isabelle et Marc Nicolosi,
Pierre-Roger Barreaud, Philipp Moch, Michel Goyet, Pascal
Palayer, Bernard Deligny, Sylvie Mercier, Jean-Paul Tissot,
Philippe Boulay et l'Association des Amis de Darl'mat

et pour leur parrainage : Gruau Laval, Groupe Sora, La Caisse
d'Épargne et de Prévoyance des Pays de la Loire, Groupe Keolis,
Mann Hummel, Imprimerie ITF

ACKNOWLEDGEMENTS

Many thanks to the authors for their contribution to the catalogue:
Hervé Poulain, auctioneer and partner in the Artcurial auction
house, specialist in the relationship between art and cars
and president of the Conseil National du Marché de l'Art,
who agreed to be the honorary president of the scientific
committee of the exhibition.
Étienne Tonin, President of the association Les Amis de Geo
Ham, specialist in the artist's work.
François Bruère, official artist of the 24 Hours of Le Mans,
a graduate of the École Nationale Supérieure des Arts Appliqués
et Métiers d'Art.

We would like extend our sincere thanks to those whose
precious support has enabled this exhibition to take place:
Musée de l'Air et de l'Espace, Le Bourget: Christian Tilatti, Curator;
Marie Prochasson, Graphic Art Collections Department;
Musée de l'Hydraviation, Biscarrosse: Sylvie Berges, Director;
Musée de l'Automobile du Mans: Francis Piquera, Director;
Automobile-Club de l'Ouest, Le Mans: Jean-Marc Desnues,
Deputy General Manager, Hervé Guyomard, Heritage Manager;
Musée National du Sport, Paris: Anne-Laure Sol, Head
of Collections, Jean-Yves Guillain, Scientific Coordinator;
Bibliothèque Forney, Paris: Thierry Devynck, Curator.

For their advice: Daniel Bayle, Cyrille and Jean-Pierre Melin,
Christian Huet, as well as Galerie Vitesse: Isabelle and Marc Nicolosi,
Pierre-Roger Barreaud, Philipp Moch, Michel Goyet, Pascal
Palayer, Bernard Deligny, Sylvie Mercier, Jean-Paul Tissot,
Philippe Boulay and L'Association des Amis de Darl'mat.

And for their sponsorship: Gruau Laval, Groupe Sora, La Caisse
d'Épargne et de Prévoyance des Pays de la Loire, Groupe Keolis,
Mann Hummel, Imprimerie ITF

Duel de vitesse
n. d. (vers 1930), technique mixte sur bois, détail
n. d. (circa 1930), Mixed technique on wood, detail

SOMMAIRE

CONTENTS

Les 24 Heures du Mans, **1954**
n. d., lithographie, détail
n. d., Lithography, detail

PRÉFACE

**FRANÇOIS D'AUBERT, MAIRE DE LAVAL
ET PRÉSIDENT DE LA CITÉ DES SCIENCES ET DE L'INDUSTRIE
CATHERINE FAYAL, ADJOINT AU MAIRE CHARGÉE DE LA CULTURE
ET DE LA COMMUNICATION**

Enfant de Laval, illustrateur reconnu, Géo Ham attendait encore une première grande rétrospective capable de rendre justice à la diversité et à la qualité de son travail.

L'affiche et l'illustration ayant retrouvé leur place au sein des arts graphiques après une longue période de dédain, la Ville de Laval ne pouvait rester sourde aux attentes des passionnés.

L'association Les Amis de Géo Ham, les collectionneurs (Mᵉ Poulain notamment) et la direction des Musées de Laval, après un travail considérable rassemblant près de trois cents œuvres, nous offrent l'exposition et le catalogue tant attendus.

Maître de l'affiche et peintre de la vitesse, vous le constaterez, Géo Ham l'était sans conteste. Nul autre n'a su rendre plus vibrant hommage aux 24 Heures du Mans et au Grand Prix de Monaco.
Peu d'artistes, à l'exception d'E. Montaut et de F. Gordon Crosby, n'ont pu rendre compte de manière continue des exploits des « princes de tumulte » (P. Fisson) sur terre ou dans les airs.

Lyrique, engagé, il a su donner forme aux émotions liées aux grandes « épopées mécaniques » et les faire partager.

Émotions qui demeurent entières aujourd'hui et qui méritaient une place d'honneur sur les trois sites majeurs des Musées.

PREFACE

**FRANÇOIS D'AUBERT, MAYOR OF LAVAL
AND PRÉSIDENT DE LA CITÉ DES SCIENCES ET DE L'INDUSTRIE
CATHERINE FAYAL, DEPUTY MAYOR IN CHARGE OF CULTURE
AND COMMUNICATION**

Born in Laval, the renowned illustrator Geo Ham had been waiting for the first major retrospective that would do justice to the diversity and quality of his work.

For years posters and illustrations were disdained. Having now found their rightful place among the graphic arts, the city of Laval could not remain deaf to the expectations of their many fans.

After a considerable undertaking to assemble nearly 300 works, the association Les Amis de Geo Ham, collectors (Maître Poulain in particular), and the directors of the Musées de Laval are now offering this catalogue and the long-awaited exhibition.

You will see that Geo Ham was an undoubted master of the poster art form and *the* portrayer of speed. No other artist has made such a vibrant tribute to the races at Le Mans and Monte Carlo. No one else except E. Montaut and F. Gordon Crosby, has been able to continually record the feats of the "princes of thunder" on land or in the air.

This lyrical, committed artist has known how to share and portray the emotions of the great "mechanical epics".

These emotions are still very much alive and deserve a place of honour on the three major sites of the Musées de Laval.

Le Damier
n. d. (vers 1950), dessin
n. d. (circa 1950), Drawing

AVANT-PROPOS

HERVÉ POULAIN

Pierre Gaspar a finement observé : « Tous les progrès de la civilisation ne sont qu'utilisés, l'automobile, elle, est vécue. »

Or, dans le même objet symboliquement incomparable s'expriment les deux pointes du génie humain, scientifique et esthétique, dans la mécanique la plus raffinée et dans la pureté des formes.
Si le poète prête une âme aux objets inanimés, comment ne pas s'extasier devant cette machine bâtie pour la vitesse qui bouleversa la perception et la sensibilité des hommes. « Nous déclarons que la splendeur du monde s'est enrichie d'une nouvelle beauté : la beauté de la vitesse… », manifestait Marinetti en 1909.
Cette capsule d'acier conçue pour la conquête de l'espace terrestre est habitée. L'être entier, prolongé par les accessoires qui lui apportent une surpuissance, se propulse dans la direction choisie donnant l'illusion d'avoir dans chaque nerf des ondes de force : « Nous faisons corps », nos membres en osmose avec les éléments mécaniques.

Aussi bien pour les artistes *témoins de leur temps* l'automobile, dès ses balbutiements, devint un thème d'inspiration plus excitant que ceux, traditionnels, de la nature morte, du portrait, du paysage…

En 1973, je réunis dans un ouvrage, *L'Art et l'Automobile*, la vision qu'avaient eue les artistes de la « fabuleuse licorne », comme l'appelait Octave Mirbeau, de Toulouse-Lautrec à Andy Warhol en passant par Severini et Balla épris de vitesse ou Léger et Picabia sensibles à la beauté mécanomorphe, mais encore, la pub, les Arts déco, jusqu'au pop : en somme,

Étude de vitesse
n. d. (vers 1930), gouache sur papier et dessin sur calque, détail
n. d. (circa 1930), Gouache on paper and drawing
on tracing paper, detail

FOREWORD

HERVÉ POULAIN

Pierre Gaspar astutely observed: "The great advances in civilization are merely used; cars are experienced."
Indeed, the same symbolically incomparable object expresses the two peaks of human scientific and aesthetic genius: the most refined mechanics and the purest forms.
With the poet giving inanimate objects a soul, how not to be enraptured by this machine built for speed that transformed man's perception and sensitivities.
"We declare that a new beauty has been added to the splendours of the world: the beauty of speed…" exclaimed Marinetti in 1909. This steel capsule made to conquer space on earth is inhabited. The entire being becomes a prolongation of the accessories of ultra-powerfulness, propelled in the chosen direction, made to feel that each nerve is full of force waves: "We are one", bodies in osmosis with the mechanical elements.

Right from its earliest splutterings, the automobile became a more exciting inspiration for artists, "witnesses of their time", than the traditional themes of still life, portrait, or landscape…
In 1973 I compiled a book entitled *L'Art et L'Automobile*, containing artists' visions of the "fabulous unicorn", as Octave Mirbeau called it, from Toulouse-Lautrec to Andy Warhol via the speed-loving Severini, Balla, Léger, and Picabia and their sensitivity to mechanomorphic beauty, but also advertising, Art Deco, and Pop Art: the whole history of twentieth-century art joined by the thread of its mythical object!
I was invited to Bernard Pivot's literary television show, then called *Ouvrez les Guillemets* (later, *Apostrophes*), where, in the company of Salvador Dali, that fine provocateur, I caused a scandal by declaring that for a man of my century, beautiful bodywork could spark more emotion than any number of insipid Renoirs.

12 Heures internationales de Reims, 1954
affiche
Poster

l'histoire de l'art du XXe siècle guidée par le fil d'Ariane
de son objet mythique !
Invité à l'émission littéraire de Bernard Pivot qui s'appelait
Ouvrez les guillemets et pas encore *Apostrophes,*
en la compagnie du génial provocateur Salvador Dalí,
je scandalisai en déclarant que pour un homme de mon siècle
une belle carrosserie pouvait procurer plus d'émotion
esthétique que nombre de Renoir insipides…

Depuis, beaucoup de musées dans le monde ont organisé
des expositions sur le sujet de l'art et l'automobile. Il convient
de saluer l'initiative du Musée de Laval qui honore Géo Ham,
« son » maître de la vitesse.

Durant la rédaction du livre, je frappai à la porte de Géo Ham.
Je garde de cette rencontre un souvenir ambigu.
Petit, sec, il me reçut sans chaleur dans un studio à sa taille,
qu'envahissait un immense panneau représentant une
automobile de course aux roues véloces démesurées.
Sortant du cadre, elle bondissait dans la pièce, survolée
d'un étrange avion. Mon enthousiasme sincère pour son travail
semblait lui être indifférent. Je tentai patiemment d'aborder
divers sujets. Sans succès. Je devinais la cause de ce
comportement : la maladie qui devait l'emporter peu de temps
après. Je lui proposai d'acheter une œuvre sur le grand nombre
qu'il conservait jalousement. Il refusa.
La fable est cruelle : il avait institué légataire universel
une fondation, qui, une fois entrée en possession, appela
un brocanteur et brada le tout sans « état d'Ham », comme dirait
l'association des amis de l'artiste…

Cette exposition donne toute sa cohérence à ce monde
en mouvement jadis éparpillé.

Since then, many museums around the world have organised
exhibitions on the topic of art and cars. I would like to take the
opportunity here to salute the initiative of the Musée de Laval
in honouring Geo Ham, its "home-grown" portrayer of speed.

While I was writing my book, I had knocked on Geo Ham's door.
I have an ambiguous memory of this occasion.
A short, curt man gave me a chilly welcome in a studio that
fit his stature, filled with a huge panel representing a race car
with disproportionately large fast wheels. It leapt out of the
frame into the room. A strange aeroplane flew above it.
He seemed quite unconcerned by my sincere enthusiasm for
his work. I patiently tried to broach a number of subjects,
to no avail. I could guess what the reason was for his behaviour:
the illness that would kill him shortly after. I offered to buy one
of his works from among the many he jealously kept to himself.
He refused.
The fable has a cruel ending: he chose as his sole legatee
a foundation which, having inherited his works, called up a flea
marketeer and sold them all off, "second-Ham", with no qualms.

This exhibition restores coherency to this world of movement
that was scattered to the winds.

BIOGRAPHIE DE GÉO HAM

CYNTHIA BEAUFILS

18 SEPTEMBRE 1900 : naissance de Georges Hamel à Laval.

12 MAI 1913 : une course de voitures et de motos est organisée à Laval. À treize ans, il esquisse ses premiers dessins.

1918 : Georges réussit le concours de l'École nationale des arts décoratifs où il suit les cours d'Adrien Bruneau, futur fondateur du musée-école de La Perrine.

1920 : il signe du pseudonyme Géo Ham son premier travail pour *Omnia* et débute dans les magazines spécialisés : *Automobilia, La Vie aérienne, L'Auto, L'Air.*

1928 : il devient collaborateur permanent de la revue *L'Illustration*, où il est chargé de l'actualité aéronautique et automobile.

1930-1940 : il participe à l'illustration de divers ouvrages consacrés à l'aviation, aux héros de l'Aéropostale et à l'automobile. Il conçoit également les affiches de Grands Prix automobiles et motocyclistes. De plus, de nombreux constructeurs lui confient le graphisme de leurs réclames.

1931 : il est nommé peintre officiel du ministère de l'Air, titre qui lui sera retiré après la Seconde Guerre mondiale.

1932 : Géo Ham se révèle être un véritable aventurier qui maîtrise parfaitement ses sujets. Témoin privilégié, il accompagne Henri Guillaumet lors de sa traversée de la cordillère des Andes. Dans le même esprit, il participe au rallye de Monte-Carlo en 1932 et court les 24 Heures du Mans en 1934.

1934 : Motobécane lui demande d'intervenir sur le design du modèle Super Culasse.

1936 : il est envoyé en Éthiopie aux côtés des troupes de l'Italie fasciste, où il couvre le conflit italo-éthiopien en juillet. Il se rend également en Espagne, en pleine guerre civile.

ANNÉES 1940 : pendant la Seconde Guerre mondiale, après avoir esquissé diverses scènes aériennes témoignant du combat mené par l'armée française en 1940, Géo Ham se réfugie dans les valeurs de la tradition et de la ruralité chères au régime de Vichy.

BIOGRAPHY OF GEO HAM

CYNTHIA BEAUFILS

18 SEPTEMBER 1900: Georges Hamel born in Laval.

12 MAY 1913: a motorcar and motorbike race is organised in Laval. Georges sketches his first drawings, aged 13.

1918: Georges passes the entry competition to the École Nationale des Arts Décoratifs, where he is taught by Adrien Bruneau, who would later found the La Perrine museum-school.

1920: under the pseudonym Geo Ham, he signs his first work for *Omnia* and starts working for the specialist magazines: *Automobilia, La Vie Aérienne, L'Auto, L'Air.*

1928: he becomes a permanent contributor to the magazine *L'Illustration*, where he deals with aeronautical and automobile news.

1930-40: takes part in illustrating various works on aviation, the heroes of the Aéropostale, and motorcars. He also designs the posters for car and motorcycle Grand Prix races. Numerous car manufacturers ask him to design their advertisements.

1931: he is appointed as official painter for the French Ministry of Air, but would then be withdrawn from the post after World War II.

1932: Geo Ham turns out to be a true adventurer with a perfect mastery of his art. He accompanies Henri Guillaumet as a special observer on his flight across the Andes Mountains. In the same vein, he takes part in the 1932 Monte Carlo Rally and races in the 24 Hours of Le Mans in 1934.

1934: Motobécane asks him to work on the design of the Super Culasse model.

1936: he is sent to Ethiopia, where he covers the Italo-Ethiopian conflict in the company of the Italian fascist troops. He also goes to Spain in the midst of the Civil War.

1940s: In 1940, after sketching various aerial combat actions carried out by the French Army during World War II, Geo Ham returns to the traditional rural values advocated by the Vichy Regime. He devotes himself to illustrating peaceful agricultural scenes and retires to the Mayenne, where he recounts

Il se consacre alors à de paisibles scènes agricoles et se rend en Mayenne où il relate, dans le numéro de *L'Illustration* du 15 novembre 1941, le labeur des moines cisterciens d'Entrammes.
1949 : la maîtrise graphique de l'artiste favorise de nombreuses collaborations. Il se voit ainsi confier l'illustration de divers ouvrages. L'un des plus prestigieux est celui des *24 Heures du Mans*, paru en 1949, dont il confie les textes au journaliste et pilote Roger Labric.
1950 : esprit créatif, Géo Ham développe un important travail artistique à finalité publicitaire pour des véhicules réalisés par des carrossiers tels le rouennais Le Bastard (Laine Pingouin, FAR, Les Vins du postillon, l'AAT, Mokalux ou Aspro) ou E. Dirosa (Super cat Pernod Fils).
1956 : il participe à l'illustration du livre du cinquantenaire de l'Automobile-Club de l'Ouest.
24 JUIN 1972 : il décède à Paris. Le 30 juin, ses obsèques ont lieu à la chapelle du Val-de-Grâce.

the labours of the Cistercian monks of Entrammes in the 15 November 1941 issue of L'*Illustration*.
1949: his superior graphic skills lead to many collaborations and he is commissioned to illustrate a number of books, one of the most prestigious being *Les 24 Heures du Mans*, published in 1949. He asks the journalist and racing driver Roger Labric to write the texts for it.
1950: Geo Ham uses his creative spirit to develop an important artistic corpus for advertising for cars made by coachbuilders like Le Bastard in Rouen (Laine Pingouin, FAR, Les Vins du Postillon, the AAT, Mokalux and Aspro), as well as E. Dirosa (Super cat Pernod Fils).
1956: contributes to illustrating the book commemorating the fiftieth anniversary of the Automobile Club de l'Ouest (ACO).
24 JUNE 1972: dies in Paris. His funeral was held on 30 June at the Chapelle du Val-de-Grace.

La Perrine, 1919
huile sur panneau
Oil on board

HOMMAGE À GÉO HAM

FRANÇOIS BRUÈRE

Depuis ma plus tendre enfance, Géo Ham a exercé sur moi une véritable fascination. Et d'une certaine façon, je lui suis reconnaissant de m'avoir servi de moteur dans mon apprentissage quotidien de la peinture. Passionné de dessin et d'automobile, j'ai suivi sa trace pas à pas jusqu'à devenir aujourd'hui le peintre officiel des 24 Heures du Mans. Une sorte de consécration dans ma vie d'artiste !

Géo Ham a été l'un de mes guides, un magicien du pinceau qui m'entraînait à cent à l'heure dans cet imaginaire où les pilotes sont des héros et leurs machines des monstres à dompter. Il a été une sorte de modèle lumineux pour l'enfant rêveur que j'étais, un véritable copilote m'indiquant par-delà les générations la bonne trajectoire !

À la question de mon maître d'école : «Que veux-tu faire quand tu seras grand ?», je répondais sans hésitation : «Moi, je veux dessiner des voitures !»
C'était clair dans mon esprit, et mes prédispositions pour le dessin m'engageaient dans cette voie, évidente à mes yeux. Je me souviens par exemple de buvards publicitaires illustrés que l'on nous distribuait comme des cadeaux sur les bancs de la petite classe. Nous fûmes les derniers écoliers à écrire à la plume et je revois très bien ces gouaches de Constellation ou de Latécoère signées Géo Ham qui m'inspiraient et que j'essayais à tout prix de préserver des taches d'encre au moment de sécher mes premiers écrits.

Plus tard, je découvris avec émerveillement les affiches des 24 Heures signées de sa main, qui révélèrent en moi ce même désir d'exprimer la vitesse, la course, et cette étrange relation entre l'homme et sa machine.

Les 24 Heures du Mans, **1955**
affiche, détail
Poster, detail

A TRIBUTE TO GEO HAM

FRANÇOIS BRUÈRE

I have been fascinated by Geo Ham ever since I was a child. You could say I am grateful to him, as it were, for giving me the drive to learn how to paint. I am passionate about drawing and cars and have followed him every step of the way, even to the extent of now being the official painter of the 24 Hours of Le Mans. A kind of consecration of my life as an artist!

Geo Ham was one of my guides, a brushstroke magician who sent me full-speed ahead into the imaginary world where drivers are heroes and their machines are monsters to be tamed. He was a kind of shining model for me, the daydreaming child—a true trans-generational co-pilot showing me the right way to go!

When my teacher used to ask: "What do you want to do when you grow up?" I would unfailingly reply: "I want to draw cars!"

It was clear to me that my natural flair for drawing sent me on what I saw as an obvious path. I remember, for example, the illustrated advertising blotters that were handed out as gifts to the junior classes. We were the last schoolchildren to write with fountain pens and I have a vivid memory of the gouache drawings signed by Geo Ham for firms such as Constellation or Latécoère; they inspired me greatly and I would desperately try and save them from stains when drying the ink on my first writing exercises.

Later I marvelled at his hand-signed posters of the 24 Hours of Le Mans, which revealed my own desire to express speed, racing, and the peculiar relationship that exists between man and machine.

Les affiches de Géo Ham montrent les pilotes comme des gladiateurs dans le *stadium*. La course devient alors semblable au spectacle des jeux du cirque, avec d'un côté l'aspect dramatique et de l'autre l'image du vainqueur transformé en héros. Après le combat du pilote devenu chevalier, l'ambiance se veut plus romantique, le beau et noble guerrier ayant vaincu ses adversaires comme le pilote a maîtrisé son bolide.

Bon sang ne saurait mentir

Géo Ham est natif de Laval. Ma mère est elle aussi mayennaise d'origine, même si je suis né au Mans. Ce qui me permet presque chaque année de célébrer mon anniversaire (le 18 juin) pendant les 24 Heures. Cela ne s'invente pas ! Mais il devait être écrit quelque part que ma destinée était liée à ma filiation avec l'œuvre de Géo Ham.

Toutefois, c'est au bord de la piste que je me sens le plus proche de sa vision de la course. Bien sûr, je n'ai jamais vu courir Rosier ni Levegh. Mais les rétrospectives historiques dont je me régale chaque fois suffisent à me faire partager son sens de la composition. La vision « grand-angle » d'une Bugatti qui surgit, une tache de couleur qui crève l'écran, le visage crispé du pilote qui tente de maintenir sa trajectoire… tout cela se vit au bord de la piste et ressort avec force dans son dessin épuré. Ses affiches Art déco traduisent une époque où le reporter dessinait « sur le front » une scène qu'aucune photo n'aurait su rendre avec autant de conviction. Avant lui, d'autres comme Montaut surent remarquablement exprimer la vitesse ou l'endurance sans trahir leur époque ; et les risques pris par ces as du volant amenèrent les progrès techniques qui ont modifié notre société.

Géo Ham est un maître à qui l'on doit rendre l'hommage qu'il mérite. Sa peinture est vécue de l'intérieur et se passe de tous les commentaires. Elle se vit, se ressent, et par elle m'envahit un profond respect pour cet art majeur du XXᵉ siècle. J'espère pouvoir lui rendre hommage à travers ma peinture, afin que l'automobile, la course et les voyages restent avant tout une source de plaisir.

Geo Ham's posters show drivers as gladiators in the arena. Motor racing became equated to Roman circus games, with drama on the one hand and the image of the winner-turned-hero on the other. After the combat of the driver-cum-knight, the atmosphere is meant to turn more romantic, with the fine, noble warrior having conquered his opponents, just as the driver masters his racing car.

Pure Blood Does Not Lie

Geo Ham was born in Laval. My mother is also originally from the department of Mayenne, though I was born in Le Mans. Which means I get to celebrate my birthday each year (18 June) during the 24 Hours. Who would have believed it! It must have been written somewhere that my fate was linked to my kinship with Geo Ham's work.

Yet I feel closest to his vision of motor racing when I'm down by the track. I've never seen Rosier or Levegh race, of course, but the historical retrospectives I so enjoy are enough for me to share Geo Ham's sense of composition. The "wide-angle" vision of a Bugatti looming towards you, a splash of colour that fills the air, the driver's tense features as he tries to keep on track…all these trackside experiences stand out vividly in his clean, sharp drawings. His Art Deco posters translate an era where the reporter stood "up front" to draw a scene that no photo could ever render with as much conviction. Others before him, such as Montaut, had a remarkable gift for expressing speed or endurance without misrepresenting their era; and the risks taken by these crack drivers brought about technical advances that have modified our society.

Geo Ham is a master to whom we should pay a worthy tribute. His painting is experienced from within and needs no comment. You live it and feel it and I for one stand in deep respect for this major twentieth-century art.
I hope to be able to pay tribute to him through my painting, so that cars, racing, and travel will remain, first and foremost, a source of pleasure.

GRAND PRIX AUTOMOBILE
MEETING D'AVIATION
NIMES 31 MAI et 1er JUIN 1947
SOUS LE PATRONAGE DE L'ACTION AUTOMOBILE ET DE L'ÉQUIPE
AU BÉNÉFICE DU C.O.S.O.R.(ŒUVRES SOCIALES DE LA RÉSISTANCE FUSILLÉS ET DÉPORTÉS)
Dispensé du timbre. Décision Ministérielle du 21.3.47

SADIAC.NIMES

Grand Prix automobile meeting d'aviation, Nîmes, **1947**
affiche
Poster

CARTES & GUIDES

LIBRAIRIE CARTES & GUIDES

RENTRÉE DES CLASSES
TOUS LES LIVRES CLASSIQUES

RENTRÉE DES CLASSES

UNE JEUNESSE LAVALLOISE

ÉTIENNE TONIN

1900. C'est l'année de l'Exposition universelle inaugurée par Émile Loubet, président de la République. C'est aussi l'année de la première édition de la Coupe Gordon-Bennett, première course automobile internationale.

1900. En septembre, à Laval, chef-lieu d'un département plus familier du beuglement des bovins que du vrombissement des premiers moteurs, au sein d'un couple entreprenant, ouvert aux choses de la technique et de l'élégance, un garçon prénommé Georges voit le jour un an après la naissance d'un petit Henri.

Quelques années plus tard, en 1905, Désiré et Henriette Hamel, commerçants de leur état, inscrivent leurs deux enfants au collège de l'Immaculée-Conception. Georges en particulier y glanera ses premiers lauriers lors de la remise annuelle des prix.

Sur le plan économique, au 7, rue de la Paix, artère symbolique du Laval moderne, les époux Hamel ont ouvert un magasin dans un espace précédemment occupé par un libraire-lithographe. L'enseigne Comptoir du High Life (choix sans doute inspiré par l'annuaire parisien *Ehret High Life*) exprime tout à la fois leur dynamisme et un petit côté mondain et snob. Quant à la clientèle qui franchit le seuil de l'avenante boutique, elle se répartit entre les élégantes pour le rayon parfumerie et les branchés de la modernité pour le matériel photographique.

À partir de 1912, les deux frères traversent la Mayenne pour intégrer le lycée républicain. On ne connaît pas la raison de ce passage de la rive gauche à la rive droite : coût des études, options politiques ou religieuses ayant évolué ? Cependant, vu le cursus ultérieur de Georges, on peut se demander si cette

Boutique des parents Hamel, Laval
The Hamels' shop, Laval

A CHILDHOOD IN LAVAL

ÉTIENNE TONIN

The year of the Universal Exhibition in 1900 was inaugurated by Émile Loubet, the French President of the Republic. It was also the year of the first edition of the Gordon Bennett Cup, the first international motor race.

In September of that year, in Laval, the canton of a department more accustomed to the mooing of cows than the revving of early motor engines, a boy named Georges was born to an enterprising couple with a love of style and technology, one year after the birth of his brother, Henri.

A few years later, in 1905, Désiré and Henriette Hamel, who were both shopkeepers, enrolled their two children at the Collège de l'Immaculée Conception, where Georges would win his first praise at the annual prize-giving ceremony.

The Hamels opened a shop at number 7 rue de la Paix, a main road symbolic of modern Laval, in premises that had previously belonged to a bookseller-lithographer. The name they chose, Comptoir du High Life (no doubt inspired by Ehret's Paris socialite directory, *High Life*), reflected their dynamic drive and a slightly snobbish society side. The clientele of this convivial store was split between elegant society women at the perfume counter and modern trendsetters at the photography counter.

In 1912 the two brothers crossed the Mayenne River to go to the state secondary school. The reason for this switch from the left bank to the right is not known. Had the fees gone up? Had the political or religious options changed? Given the academic path Georges would later follow, one wonders if this decision was not motivated by more pragmatic concerns: the need to be

décision n'obéit pas à un motif plus pragmatique : la nécessité d'être issu d'un établissement d'État afin de présenter des gages de loyalisme lors de la constitution du dossier d'inscription au concours d'entrée d'une grande école républicaine?

En effet, depuis quelques années, Georges montre de réels dons pour le dessin et la peinture. Sa fréquentation de « l'école municipale gratuite de dessin d'imitation » et l'emprunt de tableaux à celle-ci afin de poursuivre l'apprentissage au foyer parental prouvent la passion de ce jeune garçon pour ces techniques d'expression. Quant aux sources d'inspiration, si l'on ne peut écarter les sujets classiques (fleurs, paysages…), ce sont les exploits d'intrépides fous volants et d'impavides champions automobiles lors des courses de ville à ville qui attisent l'imagination d'un adolescent qui remporte chaque année le premier prix de dessin d'imitation au lycée et qui, chez lui, doit se régaler à la lecture de revues illustrées relatant ces événements.

Gageons que l'attention de Georges, le 27 juillet de cette même année 1912, est particulièrement soutenue lorsque l'orateur M. Bellet, professeur de seconde en lettres et grammaire, dans la salle d'honneur du lycée, lance lors de la cérémonie de la remise des prix l'interrogation suivante dans son discours dit « d'usage » : «Peut-être se trouve-t-il parmi vous, mes chers amis, un ou plusieurs artistes de génie. Je le voudrais, car il n'est peut-être rien de plus grand qu'un artiste. » Georges pense-t-il déjà à quelqu'un en particulier?

Bien plus, le jeune Hamel a la grande chance de pouvoir entendre et voir son *Sacre du Printemps* avec les engins qui peuplent ses rêves et animent ses pinceaux. En effet, le 12 mai 1913, lors du week-end de la Pentecôte, sous l'égide de l'Automobile-Club de la Sarthe et de l'Ouest de la France (ancêtre de l'ACO), devant 10 000 spectateurs environ, une bonne cinquantaine de bolides à deux et quatre roues troublent l'habituel calme de sa ville natale pour une épreuve « en côte » d'une longueur de 1 kilomètre se déroulant au cœur

at a state school in order to prove one's loyalty when competing to enter the best of the state's higher education institutions.

For a few years, Georges had been displaying a true gift for painting and drawing. His attendance at the "free municipal school for copy drawing", where he would also borrow paintings in order to carry on practicing back home, was proof of his passion for these techniques of expression. As for his sources of inspiration, though classical subjects (flowers, landscapes) certainly featured, it was the intrepid feats of the magnificent men in their flying machines and the daredevil champions of city-to-city car races that fired the imagination of this teenage boy, who won first prize at his school copy drawing competition year after year and must have been a keen reader of the illustrated journals that reported on these events.

There's every likelihood that on 27 July 1912, Georges paid particular attention to the speaker in the school honours hall, the sixth form literature and grammar teacher, Mr. Bellet, who during his "customary" speech at the prize-giving ceremony proclaimed: "Perhaps there are one or more artists of genius among you, my friends. I do hope so, for there is possibly nothing greater than an artist." Did Georges have anyone in mind?

Better still, young Georges had the good fortune to hear and see his own "rite of spring" featuring the contraptions that filled his dreams and inspired his art. On 12 May 1913, under the aegis of the Automobile Club de la Sarthe et de l'Ouest de la France (the forerunner of the Automobile Club de l'Ouest [ACO]), approximately 10,000 spectators gathered to watch fifty two-wheel and four-wheel racing vehicles disturb the habitual calm of Georges' native town for a one-kilometre "hill climb" race in the heart of the city. Renowned drivers, such as the leader of the Peugeot stable Georges Boillot and Ernest Friedrich—the "boss" Ettore Bugatti's right hand man—crossed Laval amidst the thundering roar of their mounts.

Course de motocyclettes au Mans, 1912
série d'aquarelles
Series of watercolours

7e meeting automobile, Laval, 1913
série d'aquarelles
Series of watercolours

de la cité. Des pilotes déjà réputés comme Georges Boillot –
chef de file de l'écurie Peugeot – et Ernest Friedrich – bras droit
du « patron » Ettore Bugatti – traversent Laval dans le tonnerre
des échappements de leurs montures.

Ce qu'il convient de retenir de cette journée printanière, ce sont
moins les performances réalisées sur un tracé sans grande
difficulté (départ place de l'Hôtel-de-Ville puis rue de Joinville,
rue de Rennes, passage devant la Banque de France et arrivée
rue Haute-Follis) que la série de gouaches peintes ensuite
par celui qui n'a pas encore « accéléré » son identité.
Réalisées au dos de cartes postales sans aucun doute puisées
dans la collection paternelle – son père est un éditeur local
reconnu (éditions Hamel-Jallier, ce second nom étant le nom
de jeune fille de son épouse) –, ses premières gouaches,
très inspirées par Ernest Montaut, donnent déjà quelques
indications sur les caractéristiques propres du style du futur
Géo Ham : sens du mouvement, travail sur les reflets agrémentant
les carrosseries, cadrage soigné, souci du détail important…

Un an auparavant, Allard, aviateur chevronné, originaire
de Châteauneuf-sur-Sarthe, a trouvé la célébrité en Mayenne,
à Laval en particulier, lors de vols (fin décembre 1911 et courant
février 1912) au-dessus de la campagne et de la ville.
Après avoir affolé les autorités préfectorales, son Caudron
est exposé au Palais de l'Industrie. Sans aucun doute frappé
par l'audace du pilote et le choc visuel de l'« exploit »,
l'enfant se saisit de son crayon pour marquer l'événement.

Sûr de son talent et conscient de la nécessité de recevoir
les meilleurs conseils des maîtres les plus réputés,
Georges Hamel, à l'âge de quinze ans, se présente au concours
d'entrée à l'École des arts décoratifs de Paris.
Cette première tentative n'est pas couronnée de succès.
Il récidive en 1918, cette fois-ci brillamment, ayant entre-temps
échappé de peu à la mobilisation. Au programme de la formation :
le dessin, la composition décorative et la géométrie plane,
l'étude des plantes ou des éléments naturels. Il y rencontre

What should be remembered of this spring day in Laval
is not so much the performances on a relatively easy course
(departure Place de l'Hotel de Ville, then down rue de Joinville,
rue de Rennes, a passage in front of the Banque de France
and finishing in rue Haute-Follis), but the series of gouaches
that would be painted by this young artist who had not yet
"speeded up" his identity. Executed on the back of postcards no
doubt taken from his father's collection—his father was a well-
known local publisher (Éditions Hamel-Jallier, the latter being
his wife's maiden name)—Georges' first gouaches were highly
inspired by Ernest Montaut and already displayed some of
the characteristics that would be part of the future Geo Ham's
style: a sense of movement, focus on the reflections glinting off
the bodywork, careful framing, and a great attention to detail.

A year earlier, the experienced aviator Allard (who came from
Chateauneuf-sur-Sarthe) had become famous in the Mayenne
region, especially in Laval, for flying over the city and the
countryside in late December 1911 and February 1912. After
sending the prefectorial authorities into panic, his Caudron was
displayed at the Palais de l'Industrie. The young Georges Hamel
had grabbed his pencil to mark the event, no doubt struck
by the pilot's nerve and by the visual shock of his exploit.

Sure of his talent and aware of the need to receive the best
advice from the most renowned art masters, at the age
of fifteen Georges Hamel took the entrance exam for the École
des Arts Décoratifs in Paris. This first attempt did not succeed.
Having avoided being called up, he tried again in 1918,
this time passing with flying colours. The curriculum covered
drawing, decorative composition, plane geometry, and the study
of plants or natural elements. There he met a man who would
remain engraved in his memory forever: Adrien Bruneau,
who was a teacher at this prestigious school and would go on
to set up the museum-school de La Perrine in Laval.

Meanwhile, he had filed a request at the town hall and obtained
the Charles Landelle grant for 1200 francs, which had been set

7e meeting automobile, Laval, 1913
série d'aquarelles
Series of watercolours

Course d'automobiles
vers 1913, série d'aquarelles
circa 1913, Series of watercolours

un homme dont le souvenir restera inscrit d'une manière indélébile dans sa mémoire : Adrien Bruneau, alors professeur dans cette prestigieuse école et futur créateur du musée-école de La Perrine à Laval.

En parallèle, à la suite d'une demande présentée auprès de la municipalité, il obtient l'octroi de la bourse Charles-Landelle, dotée de 1 200 F par cet artiste très attentif aux conditions d'existence des jeunes talents peu fortunés de sa cité. Ainsi notre Rastignac peut-il bénéficier d'un complément de revenus pendant ses trois années parisiennes et améliorer ses conditions de vie dans une ville où les tentations sont légion, surtout au lendemain d'années de privations et de souffrances.

Si Georges Hamel devient parisien, il n'en oublie pas pour autant de revenir régulièrement dans son Laval natal. Il profite de ses retours pour planter son chevalet en différents endroits de la cité (square de Boston, jardin public de La Perrine), signant alors quelques huiles d'inspiration impressionniste.

Mais en 1919, les Français espèrent surtout des dispositions rigoureuses du traité de Versailles qu'elles permettent d'en finir définitivement avec toute future velléité de nos voisins outre-Rhin. La fête baptisée ensuite symptomatiquement « Années folles » va battre son plein.

Georges Hamel peut dans ce contexte exaltant s'effacer devant Géo Ham.

up by the Laval-born artist to help the less wealthy talents from his city. This gave our twentieth-century Rastignac a top-up to his income during his Paris years that would improve his living conditions in a city brimming with temptations, especially after years of wartime deprivation and suffering.

Georges Hamel became a Parisian, but still made regular trips back to his native Laval, setting up his easel in different parts of the city (Boston Square, the La Perrine public gardens) to paint some impressionist-inspired oils on canvas.

But what the people of France most hoped for in 1919 was that the strict measures laid out in the Treaty of Versailles would finally put paid to any German expansionist drive. The celebration that followed, symptomatically dubbed "The Roaring Twenties", was a huge party.

In this exciting context, Georges Hamel could now let Geo Ham take the stage.

7ᵉ meeting automobile, Laval, 1913
série d'aquarelles
Series of watercolours

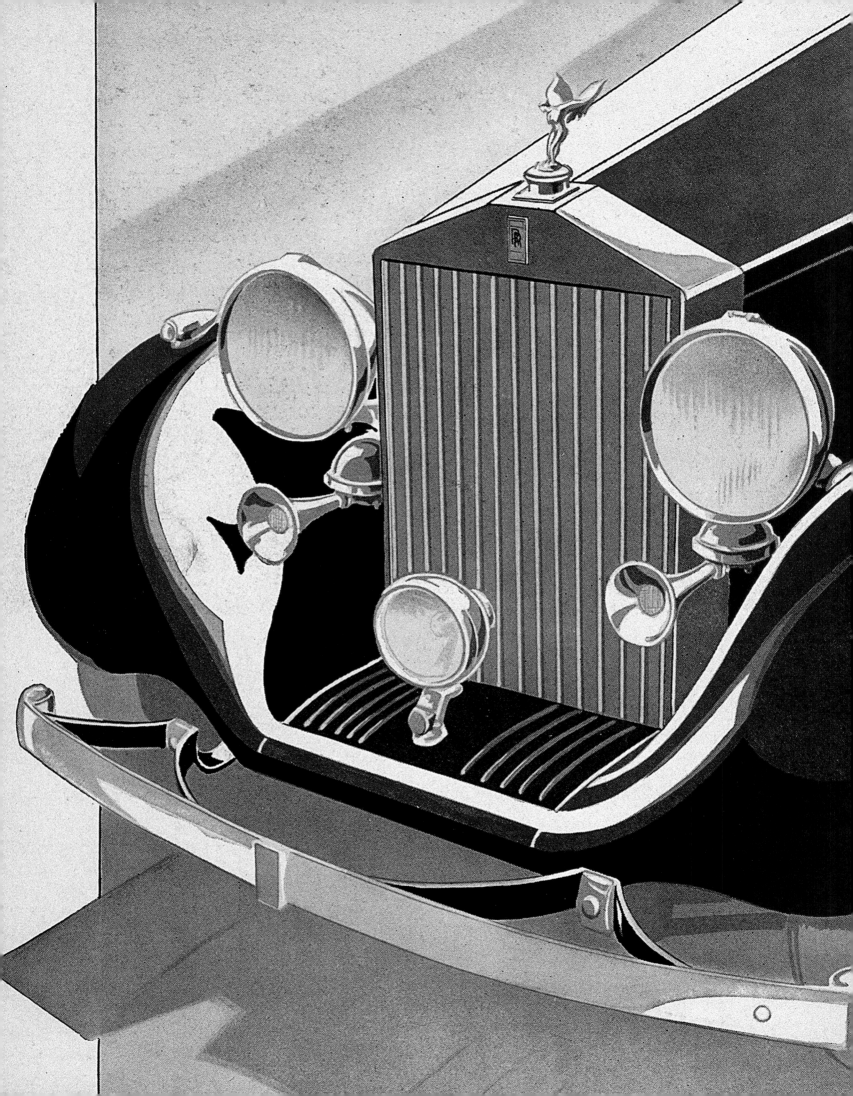

LES « DIABOLI IN MACHINA »
L'AUTOMOBILE, SUJET MOTEUR
DANS L'ART DU XXᴱ SIÈCLE
CYNTHIA BEAUFILS

Assis au volant, nous ne voyons pas les roues qui nous rattachent à la terre ; nous avons ainsi l'illusion – renforcée par une suspension toujours améliorée et un silence toujours accru – de nous déplacer en planant au-dessus du sol, à une vitesse dépassant de loin celle du coureur le plus rapide, de sorte que nous nous prenons toujours pour des dieux, des dei ex machina, et oublions que nous ne sommes jamais que de pauvres diables, des diaboli in machina[1].

Bien avant sa consécration par Roland Barthes[2], pour qui l'éclat de la DS équivaut à la splendeur des cathédrales gothiques, la voiture ne cesse de fasciner.

Symbole des prouesses technologiques qui ont marqué le XXᵉ siècle, elle cristallise l'esprit de la modernité et de la vitesse. Malgré quelques voix dissonantes, tel Chaplin dans *Les Temps modernes*, les artistes s'emparent de cette actualité et ne tardent pas à affirmer l'émergence de nouveaux sujets d'inspiration.

S'inscrivant dans la lignée d'Ernest Montaut et de Frederick Gordon Crosby, tous deux célèbres illustrateurs de leur temps, Géo Ham s'impose dès la première moitié du XXᵉ siècle comme le peintre de la vitesse.

Alliée à sa fascination pour la beauté mécanique, la technicité de cet artiste produit un art de la sensation célébrant la vitesse et le hisse au rang des avant-gardes artistiques.

Du Parthénon à la Rolls-Royce
Maîtrise du graphisme, représentation fidèle du motif, composition à la fois originale et efficace : telles sont les qualités plastiques

Rolls-Royce Phantom III
page du magazine *L'Illustration*, 26 octobre 1935, p. II, détail
Page from the magazine *L'Illustration*, 26 October 1935, p. II, detail

"DIABOLI IN MACHINA"
THE AUTOMOBILE, A DRIVING SUBJECT
IN TWENTIETH-CENTURY ART
CYNTHIA BEAUFILS

Seated at the steering wheel, we do not see the wheels below that connect us to the ground; we are therefore under the illusion—reinforced by constantly improved suspension and increased silence—that we are gliding above the ground, faster than the fastest runner, to the point where we think we are gods, dei ex machina, *and forget that we are merely poor devils,* diaboli in machina.[1]

Well before being consecrated by Roland Barthes, who felt that the dazzle of a Citroen DS matched the splendour of Gothic cathedrals, cars have never ceased to fascinate.[2]

The symbol of the technological prowess of the twentieth century, the motorcar crystallises the spirit of modernity and speed. Despite a few jarring voices here and there, such as Chaplin in *Modern Times*, artists seized upon it, promptly asserting the appearance of new subjects for inspiration.

Following in the tradition of Ernest Montaut and Frederick Gordon Crosby, both famous artists in their time, Geo Ham made his mark in the first half of the twentieth century as the painter of speed.

From the Parthenon to Rolls Royce
Mastery of graphics, faithful representation of the motif, original and effective composition: these are the visual qualities that Geo Ham possessed and which soon breathed new life into the illustration genre.[3]

His collaboration on journals such as *Automobilia* in 1922, *L'Illustration, Élite française, Monia*, or *L'Action automobile* gave his work widespread distribution. Whether responding

Rolls-Royce Phantom III,
page du magazine *L'Illustration*, 26 octobre 1935, p. II
Page from the magazine *L'Illustration*, 26 October 1935, p. II

Talbot Pacific
page du magazine *L'Illustration*, 18 octobre 1930, p. XXV
Page from the magazine *L'Illustration*, 18 October 1930, p. XXV

dont s'empare Géo Ham, qui ne tarde pas à donner un nouveau souffle au genre de l'illustration[3]. Sa collaboration à des revues comme *Automobilia* dès 1922, *L'Illustration*, *Élite française*, *Omnia* ou *L'Action automobile* permet une diffusion importante de son œuvre. Qu'il réponde à une commande journalistique ou publicitaire, l'artiste ne reconnaît qu'un seul message : la beauté de la puissance mécanique. Ainsi, lancée à pleine allure sur un circuit ou affichant l'élégance de sa carrosserie, l'automobile est célébrée sous toutes ses formes.

En 1930, Géo Ham conçoit une double composition pour la réclame de la Talbot 8 cylindres Pacific 22 CV[4]. Le centre est occupé par un raccourci, mode de représentation récurrent chez l'artiste, zoomant sur l'avant de l'auto. Attirant le regard par sa forme allongée, la grille d'aération du radiateur est encadrée par les horizontales du capot et du pare-chocs, elles-mêmes séparées par une légère courbe sur laquelle reposent les phares. Cette disposition équilibre le réseau des lignes verticales de la grille. L'artiste leur préfère la gracilité des horizontales, dont l'allongement affine la carrosserie.
En outre, dans l'encadré placé en haut à droite, le geste d'une femme à l'attention de son chien poursuit cette élégante démonstration.
L'adéquation de la forme au message publicitaire symbolise bien la démarche de l'artiste illustrateur. En effet, cette double composition axée tant sur le motif que sur le message publicitaire met en avant les notions de confort et d'élégance, renforcée par la présence féminine.

Le soin accordé à la mise en scène se retrouve dans la publicité réalisée pour la Rolls-Royce Phantom III 12 cylindres en V[5]. Le capot pénètre en biais dans l'espace et perce le cadre sur la moitié droite, plaçant le symbole ailé de la marque au centre de la composition. L'orientation des lignes horizontales aboutit sur ce petit personnage, lui-même surplombant la grille du radiateur dont la forme centrale monopolise le regard. Ce jeu de lignes a retenu l'attention d'Erwin Panofsky, célèbre historien de l'art, qui établit un parallèle entre la grille du radiateur et l'architecture des temples grecs[6].

to a commission for journalism or for advertising, Geo Ham only acknowledged one message: the beauty of mechanical power. The motorcar, speeding down a race track or displaying its elegant bodywork, was celebrated in all its forms.

In 1930 Geo Ham designed a double composition for an advertisement for the Talbot 8 Cylinder Pacific 22 CV.[4] The centre is filled with a foreshortening, a recurring mode of representation in Geo Ham's work, that here zooms out on the front of the car. The elongated form of the radiator grille attracts the eye and is framed by the horizontals of the bonnet and the bumpers, which are separated by a gentle curve on which the headlights rest.
This layout balances the vertical lines in the grille. The artist prefers slender horizontals, whose elongated forms add refinement to the bodywork.
Furthermore, in the box frame at the top right, a lady's gesture towards her dog continues this elegant demonstration. Harmonising the form with the commercial message is symbolic of Geo Ham's approach. This double composition, which centres on the motif as much as the message, highlights the notions of comfort and elegance, which is reinforced by the female presence.

The care the artist took composing his images can be seen again in the advertisement he did for the Rolls Royce Phantom III V-12 Cylinder.[5] The bonnet enters the space at an angle and pierces the frame on the right hand side, placing the brand's winged figure in the centre of the composition. The horizontal lines end on this small figure poised over the radiator grille, whose central position monopolises the gaze. This play on lines attracted the attention of Erwin Panofsky, the famous art historian, who established a parallel between the radiator grille and the architecture of Greek temples.[6] The rounded headlights, horn, and grille soften the sharp straight lines and harmonise the overall composition. Lastly, a play on contrasts rounds off the arrangement of the forms revealed in chiaroscuro, with the projected shadow constructing the perspective.

Meyrowitz
n. d. (années 1930), affiche
n. d. (1930s), Poster

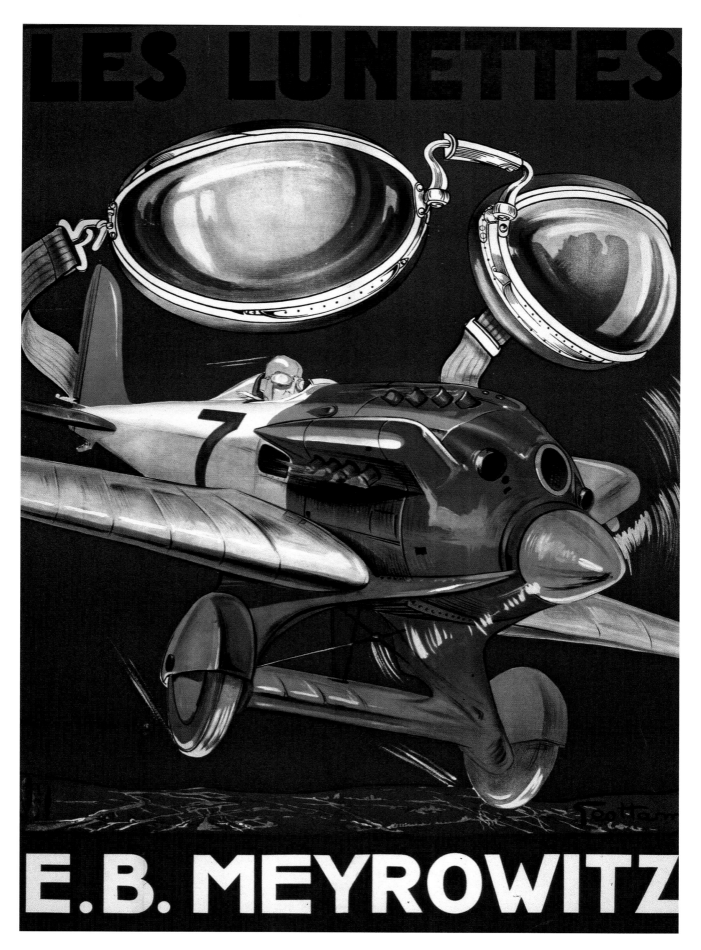

Meyrowitz
1925, affiche
1925, Poster

Puis, l'arrondi des phares, des klaxons et de la calandre vient adoucir le tranchant des droites en harmonisant l'ensemble. Enfin, un jeu de contrastes parfait l'agencement des formes dévoilées dans un clair-obscur, qui construit la perspective à partir de l'ombre projetée.

Quelques années auparavant, Géo Ham présentait une mécanique anthropomorphe pour les huiles Spidoléine[7]. Ce «personnage» est composé d'une majorité de lignes droites et d'une diagonale, complétée par le bidon de la marque. L'œil du consommateur est alors attiré sur le produit qu'annonce une succession de motifs. Au centre, on repère le «duel» auto-avion cher à l'artiste, qui reprendra ce double motif comme sujet autonome.

Très tôt, Géo Ham acquiert un style qu'il gardera toute sa vie. Ainsi, dès ses débuts, il amorce ses compositions par le procédé du raccourci. Par exemple, la série des affiches Meyrowitz[8], reposant sur une composition en registre (disposition des éléments de haut en bas), existe en deux versions : l'une associe les lunettes de la marque avec une voiture et l'autre, avec un avion. Dans les deux cas, l'élastique des lunettes rejoint la voiture ou l'avion, lancés à pleine vitesse. On remarque également que la vive allure de la voiture conduit à la déformation de la roue avant gauche qui s'échappe du cadre et mord sur le nom du fabricant. Quant à la seconde version, le bleu céleste y remplace les couleurs rouges et orangées qui symbolisent le dynamisme de l'automobile. En revanche, l'effet de transparence du verre des lunettes est maintenu dans les tons verts.

Reconnu pour son graphisme, Géo Ham acquiert une renommée incontestable dans le monde de l'automobile, tant du point de vue des constructeurs et des pilotes que de celui des *aficionados* de la course.

La ligne en mouvement

Soucieux de rendre le mouvement, Géo Ham soumet l'œuvre à un procédé narratif élaboré : à partir d'un élément volontairement disproportionné, généralement une roue, la composition dévoile les lignes d'une carrosserie, puis la scène dans son ensemble.

A few years earlier, Geo Ham had presented an anthropomorphic mechanical creation for Spidoléine Oils.[7] This "character" is composed of a majority of straight lines and one diagonal, completed by the Spidoléine oil can. The consumer's gaze is drawn to the product, which is announced by a succession of motifs. In the middle we see the theme of the "duel" between cars and planes that the artist was so fond of, a "dual" motif which he frequently used as a subject in itself.

Geo Ham found his style very early on and kept it all his life. From the very outset, he initiated his compositions with a foreshortening process. For example, the series of Meyrowitz posters, based on a composition of horizontal registers (rows going from top to bottom), exists in two versions: one associates the brand's goggles with a car, the other with an aeroplane. In both cases the elastic band on the goggles loops down behind the zooming car or plane.[8] You can also note how the car's speed deforms the front left wheel, which breaks out of the frame and encroaches onto the manufacturer's name. In the second version, a sky blue replaces the red and orangey colours that symbolised the dynamism of the car. The transparent effect of the glass in the goggles is maintained in shades of green, however.

Known and recognised for his graphic images, Geo Ham acquired an indisputable renown in the world of automobiles, both with manufacturers, drivers, and fans of car racing.

Lines in Motion

Geo Ham took great care to portray motion and subjected his work to an elaborate narrative process: starting from an element deliberately out of proportion, generally a wheel, the composition moves on to the lines of the vehicle's bodywork and then the entire scene.

The poster for the 1937 Monaco Grand Prix is a perfect illustration of this search for motion.
The artist opens the composition in a Z shape. Launched by

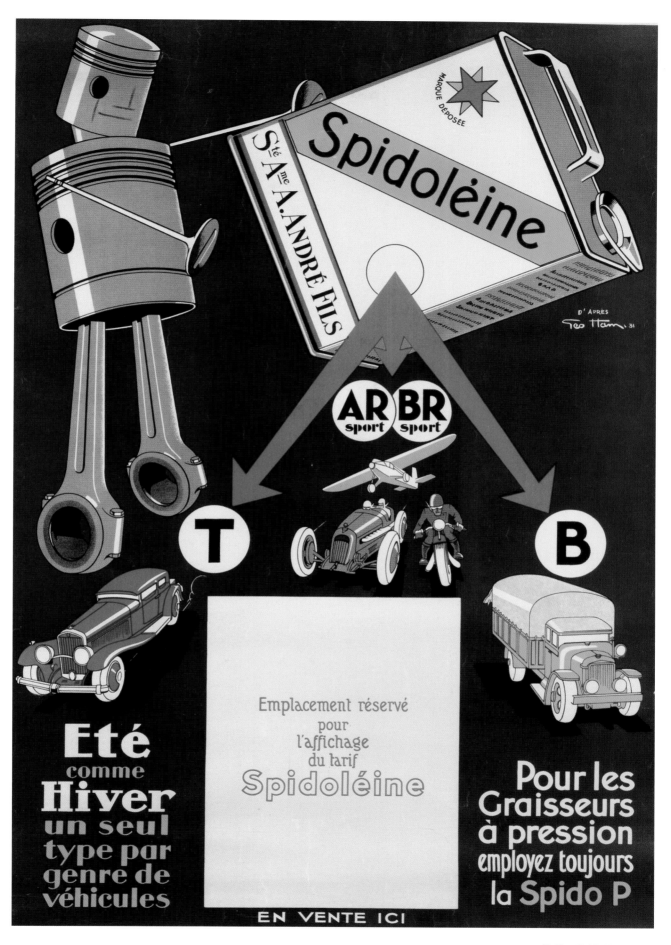

Huiles Spidoléine, 1931
affiche
Poster

L'affiche du Grand Prix de Monaco de 1937 illustre parfaitement cette recherche.

L'artiste ouvre la composition sous la forme d'un Z.
Cet agencement, d'abord délivré par le paysage ramassé dans le coin supérieur gauche, est repris par la file de voitures dont l'Alfa Romeo, a pris la tête. Elle est suivie de près par l'Auto Union. Le rouge flamboyant de l'Alfa Romeo perce cette composition dominée par les tons pastel.

À peine ébauchées, les roues du bolide semblent se fondre avec le sol. Cette transition, récurrente chez Géo Ham, est composée d'une répétition de traits qui vise le rendu de la vitesse et fond une partie des éléments dans une sorte de *sfumato* moderne. Le raccourci de la voiture participe de cet élan. La voiture de course se trouve alors déformée sous l'effet de la vitesse, renforcée ici par la prédominance des lignes horizontales. La sensation de dynamisme est appuyée par les astuces formelles qui signent le style de l'artiste : le tracé estompé des contours, l'étirement des lignes et le fameux détail des roues en lévitation.

Parallèlement, la stylisation des formes vise l'objectif complémentaire d'alléger le bolide et de retranscrire son aérodynamisme.

Un an plus tard, la composition de l'affiche conçue pour le Grand Prix de l'ACF, qui se tient à Reims en 1938, se simplifie. Si l'on retrouve les procédés stylistiques de l'artiste, le fond disparaît au profit du motif. Cette économie de moyens est associée à une gamme chromatique soutenue. Quant aux lignes du bolide, précédé de son ombre, elles sont tellement stylisées qu'on ne peut l'associer à aucun modèle précis.

La puissance mécanique trouve un écho jusque dans les personnages. En effet, la détermination gravée dans les portraits des pilotes possède une expressivité qui rivalise avec la puissance des bolides. Tandis que la machine se transforme en fusée, le pilote devient héros.

the landscape condensed in the top left corner; the Z layout is continued by the line of cars, with the Alfa Romeo in the lead, closely followed by the Auto Union. The flaming red of the Alfa Romeo cuts through the primarily pastel composition.

The sketchily drawn wheels of the cars seem to merge with the ground. This recurring transition in Geo Ham's work features repeated lines intended to convey speed and blends parts of certain elements in a kind of modern sfumato. The foreshortening of the car also takes part in conveying this momentum. The race car is deformed by the speed, here reinforced by the predominance of horizontal lines. The feeling of dynamism is underlined by the formal tricks that make up the artist's signature style: the softened contours, the elongated lines, and the famous detail of the levitating wheel. To complement this, the stylised forms aim to lighten the speedster and transcribe its aerodynamics at the same time.

A year later, he simplified the composition of the poster for the ACF Grand Prix, held in Reims in 1938. While his stylistic processes are still the same, the background disappears and all the focus is on the motif. This economy of means is associated with a strong chromatic palette. The lines of the car, preceded by its shadow, are so stylised you cannot associate it to a specific model.

Mechanical power is even echoed in the figures. The determination carved in the features of the drivers is as expressive as the power of the race cars. As the machine turns into a rocket, the driver becomes a hero.

Geo Ham paid tribute to the drivers, whom he often drew in action or else humorously, as a caricature. The driver with the red helmet bears witness to the style the artist sought: a line that is both sharp and sketchy at the same time. Here the line is broken up, as though it can only follow the movement sporadically.

Grand Prix de l'ACF à Reims, **1938**
affiche
Poster

Géo Ham rend hommage aux pilotes qu'il a souvent dessinés en action ou de manière humoristique sous la forme de la caricature. Le pilote au casque rouge témoigne du style recherché par l'artiste : le trait est à la fois esquissé et incisif. La ligne est décomposée, comme si elle ne pouvait suivre le mouvement que par intermittence.
Le dessin, volontairement laissé à l'état d'esquisse, offre un inachèvement apparent qui renforce le sentiment de vitesse. Le fond lui-même, en réserve, valorise le signe iconique en focalisant le regard du spectateur sur son expressivité. Armé de son casque et de ses lunettes, le pilote fusionne avec son bolide qui achève toujours le corps de cet homme-tronc, sorte de centaure des Temps modernes où le corps animal des créatures mythologiques est remplacé par la mécanique automobile ou motocycliste.

Géo Ham avait-il à l'esprit les expérimentations d'Auguste Rodin sur le rendu du mouvement et, notamment, *L'Homme qui marche*[8] ? Le sculpteur s'est attaché à rendre visible le mouvement de la marche par la position des jambes, des bras et des effets de matière griffant ce corps sans tête. Inversement, chez Géo Ham, l'expressivité est concentrée sur le visage et le buste et se matérialise dans la succession des traits qui esquissent le bras et la main des pilotes.

L'iconographie des Coupes de Paris de 1939 illustre ce goût du culte du héros, partagé par les futuristes, comme en témoigne la sculpture d'Umberto Boccioni, *L'Homme en marche*[10]. Le dynamisme résulte de la symbiose de l'homme et de la machine. Tout comme il grossit les roues des voitures, Géo Ham déforme les proportions de la main qui, révélée par la couleur blanche, se démarque sur un fond bleu. À peine stylisée par une brève esquisse, elle concentre toute l'attention des pilotes qui «semblent eux-mêmes des morceaux de machine[11]». Point de fusion entre l'homme et la machine, cette main apparaît comme le nœud de l'action.

Cet attrait est partagé par les musicalistes et les futuristes qui théorisent la problématique du mouvement dans les arts (musique, peinture, sculpture, littérature, cinéma).

The drawing, deliberately left as a sketch, offers an obvious incompleteness that reinforces the feeling of speed. The background highlights the iconic sign by focusstering the viewer's gaze on its expressiveness.
Clad in his helmet and goggles, the driver merges with his race car, which always forms the lower half of this "truncated" man, a kind of modern-day centaur where the animal body of the mythical creature is replaced by the mechanics of a car or a motorbike.

Was Geo Ham thinking of Auguste Rodin's experiments to render movement, notably, *The Walking Man*?[9] Rodin strove to make the movement of walking visible through the position of the legs and arms and the effects scratched into the matter of this headless body. In Geo Ham's work, the expressiveness is concentrated in the face and the bust and materialises in the succession of lines sketched on the drivers' arms and hand.

The iconography of the 1939 Coupes de Paris illustrates this love of hero-worship shared by the Futurists, as seen in Umberto Boccioni's sculpture, *Unique Forms of Continuity in Space*.[10] The dynamism comes from the symbiosis between man and machine. In the same way he enlarges the wheels of his cars, Geo Ham distorts the proportions of the hand, which stands out in white against the blue background. Briefly sketched and barely stylised, it sends all the focus onto the drivers, who "themselves seem to be parts of the machine".[11] This hand, the point where man and machine merge, appears to be the very core of the action.

This attraction was shared by the Musicalists and the Futurists who theorised the problematic of movement in the arts (music, painting, sculpture, literature, film).

The Beauty of Speed
Established as a critical basis, this new demand for dynamism acquired a political dimension among the Futurists, who aspired to taking society in a new direction.

Le Casque rouge
n. d., lithographie
n. d., Lithography

La beauté de la vitesse

Érigé en base critique, ce nouvel impératif de dynamisme prend une dimension politique chez les futuristes, qui aspirent à une nouvelle orientation de la société.

Le Manifeste du futurisme, élaboré par Tommaso Marinetti en 1909[12], prône un art connecté au réel, capable de rendre la frénésie de la vie citadine. Dans cet esprit, l'apologie de la mécanique occupe une large place. Les œuvres du patrimoine sont reléguées au « cimetière » – terme accordé au musée – et se voient évincées par les motifs industriels. C'est ainsi que l'automobile va incarner cette exaltation de la vitesse et de la modernité. En un mot, il faut « balayer tous les sujets déjà usés, pour exprimer notre tourbillonnante vie d'acier, d'orgueil, de fièvre et de vitesse[13] », selon les termes des futuristes.

Cet engouement radical, associé à un patriotisme exacerbé, conduit ces artistes, et notamment Marinetti, à s'engager en faveur du fascisme. Ainsi, tout comme les pilotes de Géo Ham témoignent d'un culte du héros, les futuristes revendiquent une esthétique politique.

Dans cet esprit, leurs réflexions se portent sur le fond et la forme de l'œuvre d'art. Certains, comme Luigi Russolo, délaissent le motif pour se focaliser sur le mouvement. De ces recherches, l'idée de « simultanéité » apparaît. Il s'agit, dès lors, de traduire plastiquement les différentes étapes d'un objet en mouvement. Dans son œuvre *Dynamisme d'un automobile*[14], le motif initial est déconstruit au profit de chevrons illustrateurs de la dynamique. Notons d'ailleurs le genre masculin attribué par les futuristes à l'automobile, comme pour renforcer la vigueur guerrière, sous-jacente à l'idée de mécanique, qui ne pourrait être que virile.

Parallèlement, Russolo s'attache aux bruits de la ville, surprise par les nouveaux sons de l'industrialisation. Il prône, dans sa lettre intitulée *L'Art des bruits*, un « art musical [qui] recherche les amalgames de sons les plus dissonants, les plus étranges et les plus stridents. Nous nous approchons ainsi du son-bruit.

The Futurist Manifesto, elaborated by Tommaso Marinetti in 1909, advocated art that is connected to reality, capable of conveying the frenzy of city life.[12] Praise of mechanics was a large part of this spirit. Works of cultural heritage were relegated to the "cemetery"—the term given to museums— and were supplanted by industrial motifs. This is how cars came to embody the exaltation of speed and modernity. In a word, it was a case of "sweeping aside all the worn-out subjects and express our giddying life of steel, pride, fever, and speed," as the Futurists put it.[13]

This radical enthusiasm was linked to heightened patriotism and led these artists, notably Marinetti, to advocate fascism. Just as the drivers in Geo Ham's work bore witness to hero-worship, the Futurists advocated a political aesthetic.

Their reflections in this vein revolved around the content and form of the work of art. Some of them, like Luigi Russolo, abandoned motifs and focussed on movement. This research gave rise to the notion of "simultaneity". The idea was to visually translate the different stages of an object in motion. In his painting, *Dynamism of a Car*, the initial motif is deconstructed, supplanted by the chevrons that illustrate the dynamic.[14] It is worth noting that the original Italian title turns the word "car" into a masculine noun, as though to reinforce the pugnacious vigour underscoring the idea of mechanics, which could only be virile.

At the same time, Russolo was very keen on the noises of the city, surprised by the new sound of industrialisation. In his letter entitled *The Art of Noise*, he advocated a "musical art [that] seeks amalgamations of the most dissonant, strange, and strident sounds. In this way we come close to the sound-noise. This evolution in music matches the ever-increasing number of machines that participate in human work."[15]

In those days Russia was also fascinated by technological progress. Its influence participated in renewing the vocabulary of visual arts.

Cette évolution de la musique est parallèle à la multiplication grandissante des machines qui participent au travail humain[15] ».

À cette époque, la Russie est également fascinée par les progrès technologiques. Le rayonnisme participe de ce renouvellement du vocabulaire plastique.

C'est dans ce contexte que Henry Valensi[16], quelques années plus tard, amorce une nouvelle tendance : le « musicalisme ». Les artistes musicalistes tirent leur originalité de l'association des sonorités musicales et du rendu pictural[17]. Cette tendance picturale se caractérise par une succession de plans et un traitement faisant penser à celui des cubistes et des futuristes. Son *Automobile en vitesse*, datée de 1920, illustre ces recherches.

La répétition des formes (dont on dénote l'influence des chronophotographies d'Étienne Jules Marey, lui-même précédé par l'Américain Eadweard Muybridge) et des couleurs repose sur le principe des « lignes-forces » qui répartissent la composition. Cette mise en abyme présente une succession de plans traduisant l'idée de la « simultanéité ». Le pouvoir d'évocation prend ainsi le pas sur la matérialité de l'objet. Seule compte l'expressivité.

Cette fascination pour la mécanique ne se dément pas au cours du siècle : citons, à titre d'exemple, les *Parades amoureuses* de Francis Picabia ou encore les sculptures mobiles et autodestructrices de Jean Tinguely.

Contrairement aux futuristes qui, après avoir sacralisé le motif mécanique, proposent un renouvellement plastique de la représentation, Géo Ham maintient sa fidélité au motif. Ce choix confère un souffle nouveau à la production publicitaire et à l'affiche en imposant un dessin de qualité et un cadrage original. Si les futuristes élèvent la sensation au rang de sujet, Géo Ham questionne le regard porté sur le motif.

It was in this context that Henry Valensi started a new trend a few years later: "Musicalism".[16] Musicalist artists found their originality in the association between musical sonorities and pictorial rendering.[17] This pictorial tendency was characterised by a succession of planes and a treatment reminiscent of the Cubists and the Futurists. His *Automobile en vitesse* (1920) illustrates this research.

In these works the repetition of forms (where we detect the influence of Etienne Jules Marey and his chronophotographs, preceded by the American Eadward Muybridge) and colours is based on the principle of "lignes-forces" [line forces] that divide up the composition. This endless play on reflection presents a succession of planes translating the idea of "simultaneity". The power of evocation thus overrides the materiality of the object. Only the expressivity counts.

This fascination with mechanics did not die down over the course of the century: some examples that can be cited are Francis Picabia's *Parades amoureuses* or Jean Tinguely's mobile and self-destructive sculptures.
Unlike the Futurists, who, after regarding mechanical motifs as sacred, proposed a visually renewed representation, Geo Ham remained faithful to motifs. This choice brought new life to posters and commercial productions by imposing quality drawings and original framing. While the Futurists promoted sensations to the rank of subject, Geo Ham questioned the way we look at a motif.

He was thus positioned on three levels: distributing art through illustrations and posters, renewing artistic themes, and his enthusiasm for mechanical progress.

More broadly speaking, this relationship between art and life is certainly one of the foundations of Futurist and Dadaist theorised thought—remember Marcel Duchamp's bicycle wheel erected on a plinth—that was continued by American Pop artists (Andy Warhol and Roy Lichtenstein went as far as

Le Casque bleu
n. d., lithographie
n. d., Lithography

Il se positionne ainsi sur trois niveaux : la diffusion de l'art par le biais de l'illustration et de l'affiche, le renouvellement des thèmes artistiques et son engouement en faveur des progrès mécaniques.

Plus largement, c'est bien ce rapport de l'art à la vie qui constitue les fondements de la réflexion théorisée par les futuristes et dada – on se souvient de la roue de bicyclette de Marcel Duchamp érigée sur un socle –, qui sera ensuite poursuivie par les artistes pop américains – Andy Warhol et Roy Lichtenstein iront jusqu'à considérer la voiture de course comme support[18] – et les nouveaux réalistes – dont on peut citer les voitures compressées de César ou encore les *Accumulations* d'Arman, qui noie une soixantaine de voitures dans du béton.

1. BERNS, Jörg Jochen, *Le Véhicule des dieux*, éditions Desjonquères, Paris, 2003, p.72-73.

2. *Mythologies*, coll. «Points», Seuil, Paris, 1970.

3. Il se distingue, par exemple, de l'œuvre de Cassandre, marquée par la linéarité du style et la simplification des volumes issue du cubisme.

4. Publicité parue dans *L'Illustration*, 18 octobre 1930, p.xxv.

5. Publicité parue dans *L'Illustration*, 26 octobre 1935, p.II.

6. In BERNS, Jörg Jochen, *op. cit.*, p.72.

7. Affiche publicitaire, 1931.

8. Affiches publicitaires : la version de l'avion, représentant un Bernard VZ, est datée de 1925 et celle de l'auto, des années 1930. Imprimeur : Ateliers Publietout.

9. Cette sculpture en bronze, datant de 1900-1907, de dimensions 213,5 x71,7 x156,5cm, se trouve au musée Rodin.

10. Cette sculpture date de 1913.

11. MORAND, Paul, *Chroniques 1931-1954*, Grasset, Paris, 2001, p.80. Géo Ham est un ami de l'auteur, dont le père a appuyé son entrée à l'École supérieure des arts décoratifs en 1918.

12. Le Manifeste parut dans le journal *Le Figaro*, le 20 février 1909. In HARRISON, Charles, WOOD, Paul, *Art en théorie 1900-1990*, Hazan, Paris, 1997, p.179-183.

13. Luigi Russolo, Giacomo Balla, Umberto Boccioni, Gino Severini, Carlo Carrà appliquent aux arts plastiques les principes érigés par Marinetti : «Manifeste des peintres futuristes». In HARRISON, Charles, WOOD, Paul, *op. cit.*, p.183-186.

14. Cette huile sur toile, dont on ne sait si elle est datée de 1911 ou de 1913, de dimensions 104 x140cm, se trouve au MNAM, centre Georges-Pompidou, à Paris.

15. À ce sujet, voir : LISTA, Giovanni, *Luigi Russolo, l'art et les bruits*, Lausanne, 1975.

16. Il naît en 1883 et meurt en 1960. Au sujet de ce mouvement, voir : VALENSI, Henry, *Le Musicalisme*, éditions Sedrowski, Paris, 1936.

17. «Il est donc temps de donner à nos pensées neuves des "formes" nouvelles, expressives des caractères de notre siècle. Aussi bien, les vrais artistes de notre génération sont d'accord sur les principaux : le dynamisme, le rythme qui découle du dynamisme et le besoin d'harmonie (panrythmie) qui découle du rythme. » Texte de Henry Valensi, «Une esthétique nouvelle : la loi des prédominances et la peinture musicale », in *Leonardo*, vol.I, n°4, Pergamon Press, Grande-Bretagne, 1968, p.457.

18. MᵉPoulain, commissaire-priseur associé à la Maison de vente Artcurial, a demandé à des artistes d'intervenir sur les voitures qu'il pilotait sur les circuits de course. Ainsi, Arman, Alexandre Calder, César, Roy Lichtenstein, Franck Stella, Andy Warhol et Georges Wolinski, entre autres, ont habillé la carrosserie de ses bolides.

seeing the race car as a medium[18]) and the Nouveaux Réalistes, where we can cite César's compressed cars or Arman's *Accumulations*, which drown sixty or so cars in concrete.

1. Jörg Jochen Berns, *Le véhicule des dieux* (Paris: Éditions Desjonquères, 2003) pp. 72-73.

2. Roland Barthes, *Mythologies*, coll. "Points" (Paris: Seuil, 1970).

3. His work differs from Cassandre's, for example, which is marked by the linear style and simplified volumes of Cubism.

4. Advertisement published in *L'Illustration*, 18 October, 1930, p. xxv.

5. Advertisement published in *L'Illustration*, 26 October 1935, p. II.

6. In Jörg Jochen Berns, *op. cit.*, p. 72.

7. Advertising poster, 1931.

8. Advertising posters: the aeroplane version, which represents a Bernard VZ, dates from 1925 and the car version dates from the 1930s. Printer: Ateliers Publietout.

9. This bronze sculpture dating from 1900-1907, 213.5 cm x 71.7 cm x 156.5 cm, stands in the Musée Rodin in Paris.

10. This sculpture dates from 1913.

11. Paul Morand, *Chroniques 1931-1954*, (Paris: Grasset, 2001), p. 80. Geo Ham was a friend of Morand's, whose father helped him enter the École nationale supérieure des arts décoratifs in 1918.

12. The Manifesto appeared in the French newspaper *Le Figaro* on 20 February 1909. In Charles Harrison and Paul Wood, *Art en théorie 1900-1990*, Hazan, Paris, 1997, pp. 179-183.

13. Luigi Russolo, Giacomo Balla, Umberto Boccioni, Gino Severini and Carlo Carrà applied to visual arts the principles that had been established by Marinetti: "Futurist manifesto". In Harrison and Wood, ibid. pp. 183-186.

14. This oil on canvas, dating from either 1911 or 1913, measures 104 cm x 140 cm and is found in the Musée National d'Art Moderne, Centre Georges Pompidou, Paris.

15. On this subject, see: Giovanni Lista, *Luigi Russolo, l'art et le bruit* (Lausanne: Éditions de l'Âge d'Homme,1975)

16. He was born in 1883 and died in 1960. On the subject of this movement see: Henry Valensi, *Musicalism* (Paris: Éditions Sedrowski, 1936).

17. "It is therefore time to give new 'forms' to our thoughts, expressing the nature of our century. The true artists of our generation agree on the principal characteristics: dynamism, the rhythm that springs from dynamism, and the need for harmony (panrhythmics) that springs from the rhythm." Text by Henry Valensi. "Une esthétique nouvelle: la loi des prédominances et la peinture musicale" in *Leonardo*, vol. 1 (Great Britain: Pergamon Press, 1968) p. 457.

18. The auctioneer Hervé Poulain, a partner in the Artcurial auction house, asked artists to intervene on the cars he drove on race tracks. Thus Arman, Alexander Calder, César, Roy Lichtenstein, Franck Stella, Andy Warhol and Georges Wolinski, among others, "dressed" the bodywork of his race cars.

GÉO HAM,
L'ILLUSTRATEUR ET LA GUERRE
(1935-1943)

XAVIER VILLEBRUN

Peintre de la vitesse, de l'action et de la sensation, Géo Ham ne pouvait concevoir son métier sans engagement ou participation à l'événement. Décrivant l'aventure de l'Aéropostale, il sera parallèlement reporter embarqué. Ce talent, comme son sens de l'action, trouve dès lors naturellement à s'exprimer dans les temps troublés des années 1930 et 1940. Au service de son principal employeur, le journal *L'Illustration*, il couvre deux grands conflits, prélude à la Seconde Guerre mondiale : la guerre d'Éthiopie (1935-1936) et la guerre d'Espagne (1936-1939). Sur ces sujets, il donne pleinement la mesure de son talent graphique tout en livrant une œuvre engagée, qu'il approfondira à l'occasion de la défaite de la France en 1940.

La guerre d'Éthiopie : le journaliste dans l'action

Conflit engageant les puissances européennes et livré dans un pays mystérieux, la guerre d'Éthiopie ne pouvait qu'intéresser le journal *L'Illustration*, habitué des grands reportages internationaux. Cependant, soucieux malgré une rigueur morale jamais démentie de ne pas vexer son lectorat international[1] et surtout de faire prévaloir les idéaux pacifistes de son équipe de direction, le journal imposa rapidement sa ligne éditoriale sur le sujet. Il s'agissait, les écrits de Robert de Beauplan en témoignent[2], tout en défendant le droit international, la jeune Société des Nations et l'action méritoire du négus Hailé Sélassié, de dénoncer un conflit déstabilisant pour l'Europe. Face aux appétits coloniaux italiens considérés comme légitimes, l'Éthiopie passait, il est vrai, pour un pays barbare sans frontière précise, sans droit (l'esclavage y était pratiqué) ni pouvoir central fort ou légitime (thèse déjà défendue par Henri de Monfreid[3]).

Victoire aérienne française
n. d. (vers 1940), aquarelle, détail
n. d. (circa 1940), Watercolour, detail

GEO HAM,
THE ILLUSTRATOR AND THE WAR
(1935-1943)

XAVIER VILLEBRUN

Geo Ham was the artist of speed, action, and sensations. He could not imagine executing his work without being committed to and involved in the event. When describing the adventure of the Aéropostale, he became an "on-board" reporter. This talent and feeling for action also found expression during the troubled times of the 1930s and 40s. For his main employer, the journal *L'Illustration*, he covered two major conflicts that led up to the Second World War: the Second Italo-Ethiopian War (1935-36) and the Spanish Civil War (1936-39). Here he could show the full extent of his graphic talent by delivering committed work that became even more so after the French defeat in 1940.

The Second Italo-Ethiopian War: the Journalist in Action

A conflict that involved the European powers and took place in a mysterious country, the Second Italo-Ethiopian war was a sure topic for *L'Illustration*, which published major international reports. Despite an undeniable moral rigour, the journal rapidly imposed its editorial line, driven by its concern to avoid vexing its international readership[1] and, above all, to respect the pacifist ideals of its editors.[2] As Robert de Beauplan's writings testify, it was a question of defending international law, the young League of Nations, and also the praiseworthy actions of the negus Haile Selassie, while denouncing a conflict that was destabilising for Europe.[3] Faced with the Italian colonial appetite, which was seen as legitimate, Ethiopia certainly seemed like a barbarian country with no specific border, no law (slavery was still in practice), and no strong or legitimate central power (an argument already defended by Henri de Monfried[3]). In the field, the two

Sur le terrain, les deux reporters les plus prolifiques répondirent à la commande non sans empathie pour leur camp d'affectation.

Côté éthiopien, Pierre Ichac[4] décrit par la photographie et le texte un pays pittoresque, vivant au Moyen Âge, peuplé de « races insoumises », pour qui la guerre paraît être une fonction naturelle. À ce jeu, le grand Ménélik, premier empereur à avoir modernisé le pays, est un nouveau Louis XI (de Beauplan) ou un nouveau Charlemagne[5] ! Pierre Ichac est cependant sincèrement touché par le patriotisme abyssin, le goût pour la liberté et la volonté de réforme du négus. Dans l'autre camp, Géo Ham apparaît tout aussi engagé, dans la limite de ce qui lui est permis[6]. Près de la moitié de la commande d'illustrations est consacrée aux paysages, architectures et costumes locaux. Une église copte, les gestes intemporels des prêtres (en noir et blanc) ou la somptuosité des costumes de cérémonie (en couleurs) sont esquissés par un trait vif et alerte « sur le motif ». On prend le temps de décrire, dans une scène de bataille, l'euphorbe candélabre, végétal typique de l'Abyssinie !

Au deuxième chef, Géo Ham sacrifie également au pittoresque militaire dans un esprit proche du rendu des conquêtes en Afrique du Nord : forteresses (*guebi*) en arrière-plan, mule ou dromadaire au premier plan ; fort et son drapeau italien. L'image défend cependant avant tout un point de vue nettement pro-italien et colonial. Ce sont les réalisations italiennes, routes, hôpitaux, jusqu'au trône royal de facture italienne, que l'on met en scène. Le soldat indigène est conçu lui-même comme un motif pittoresque par Géo Ham même si, dans ce domaine, ce sont les dessins de Marian Kamaro[7] qui en présentent le plus frappant exemple. Cependant, ce vibrant hommage à l'œuvre italienne outre-mer cache mal le principal attrait de cette guerre pour Géo Ham : la force mécanique. Au sol, elle lui offre l'occasion de compositions puissantes fondées sur la confrontation des lourds engins (tanks ou canons tractés) au terrain hostile. Mais c'est uniquement pour l'aviation

most prolific reporters responded to the editorial directive, each portraying a certain empathy for the side to which they were partial.

On the Ethiopian side, Pierre Ichac described in photographs and texts a picturesque country living in the Middle Ages, inhabited by "unsubmissive races" for whom war seemed to be a natural function.[4] With this viewpoint in mind, Menelik the Great, the first emperor to have modernised the country, became a new Louis XI (de Beauplan) or a new Charlemagne.[5] Pierre Ichac was nonetheless sincerely moved by Abyssinian patriotism and Salassi's desire for liberty and will for reform. On the other side, Geo Ham seems to have been just as involved, as far as was permitted.[6] Almost half his commissions were devoted to landscapes, architecture, and local costumes: a Copt church, the timeless gestures of the priests (in black and white), or the sumptuous ceremonial costumes (in colour) were sketched "off the cuff" with a keen and lively stroke. In a battle scene, he would go to great pains to describe the *euphorbia candelabra* plant [a succulent] typically found in Abyssinia!

Geo Ham also conformed to a military sense of the picturesque that came close to portrayals of the victories in North Africa: fortresses (*guebi*) in the background, a mule or dromedary in the foreground; or a fort with its Italian flag. The image primarily defended a clearly pro-Italian colonial point of view, however. It is the Italian constructions that are displayed—roads, hospitals, even the Italian-made royal throne. In Geo Ham's work, the native soldier is conceived as a colourful motif, though the most striking examples of this approach are found in Marian Kamaro's drawings.[7] Yet this vibrant tribute to Italian involvement overseas does not effectively mask what mainly attracted Geo Ham to this war: mechanical strength. It offered him the occasion to create powerful compositions on the ground, based on heavy vehicles (tanks or towed canons) confronting a hostile terrain. But, his lyricism and knowledge of equipment were reserved for aviation. From a technical standpoint, Geo Ham noted and

qu'il réserve son lyrisme et sa connaissance des matériels. Techniquement, les avions de bombardement et d'appui feu italiens (les Caproni 101) font l'objet de remarques et de transcriptions rigoureuses. Rien ne manque, ni les cocardes, ni l'équipement décrit dans sa composition (trois moteurs Alfa de 270 CV, quatre lance-bombes, trois mitrailleuses) et dans son fonctionnement. Le dessin représentant le bombardement de la vallée d'Enda Macael permet, de plus, de décrire la tenue de vol très particulière de l'avion dans ses différentes phases de piqué. Plus important, c'est l'esprit animant les pilotes qui retient l'attention de Géo Ham. Un esprit bien proche de celui des pilotes de course avec qui ils partagent un équipement commun : le casque et les lunettes[8]. Un esprit qu'incarne au mieux l'escadrille *la Disperata* («la Désespérée») du comte Ciano avec son emblème, la tête de mort, et son chant nihiliste et belliqueux, prolongement de la pensée futuriste[9] et de l'esprit chevaleresque d'un Gabriele d'Annunzio[10]. Elle l'inspire plus par son dynamisme et son individualisme que la lourde phalange des chemises noires.

C'est avec enthousiasme qu'il transcrit par l'image les récits des pilotes qui conduisent l'opération de la vallée d'Enda Macael en larguant plus de 3 000 bombes après une descente à 40 mètres du sol malgré les tirs éthiopiens. Il reproduit également les dernières lignes du lieutenant Lanza Ostini : «Vive *la Disperata* qui a du cran ! Il y avait beaucoup de monde, j'en ai mitraillé beaucoup ! » Il contribue de ce fait à la légende de la conquête de l'Éthiopie, prélude à la proclamation de l'empire italien, ce dont on saura le remercier[11]. Au final, l'absence de rendu direct de l'événement, que ce soit par la photographie (Pierre Ichac fournit plus un carnet de voyage qu'un réel reportage de guerre !) ou par le dessin (qui édulcore la violence des combats), accrédite la thèse d'une guerre «propre» pour l'essentiel[12] ! En Europe, comme pour la guerre du Rif marocain, où l'aviation fut massivement utilisée par la France, seuls les communistes réagissent.

transcribed the Italian bomber and fire support planes (Caproni 101s) with great rigour. Nothing is missing, not the roundels, nor the equipment—whose composition (three 270 CV Alfa engines, four bomb-launchers, three machine guns) and function are both depicted. The drawing representing the bombing of Enda Macael valley was also an opportunity to depict the aeroplane's special aerodynamics in its different dive phases. More importantly, Geo Ham was drawn by the spirit that animated the pilots, very similar to that of racing drivers, with whom they shared certain gear: the helmet and glasses.[8] It was best embodied by Count Ciano's *La Disperata* (the Desperate) squadron, with its death's-head emblem and its warmongering, nihilistic song, an extension of Futurist thinking and chivalrous mettle à la Gabriele d'Annunzio.[9] This dynamism and individualism inspired him more than the heavy going falangism of the Blackshirts.

He enthusiastically portrayed in images, the tales of pilots who had run the Enda Macael valley operation, diving to just forty metres above ground to drop three thousand bombs under Ethiopian fire. He also reproduced the last words of Lieutenant Lanza Ostini: "Long live the fearless *La Disperata*! There were lots of people, I machine-gunned a lot of them!" Geo Ham thus contributed to the legend of the conquest of Ethiopia—the prelude to the proclamation of the Italian empire—for which he would be duly thanked.[10] In the end, the absence of direct visual reporting of the event—either with photographs (Pierre Ichac supplied more travel notes than a real war report) or drawings (which toned down the violence of the fighting)—substantiated the thesis of a mainly "clean" war.[11] In Europe only the communists reacted, as they had done over the war in the Moroccan Rif Mountains, where France made massive use of the air force.

From One War to the Other: the Body as Political Statement
Having been repatriated to France, Geo Ham was sent to Spain for a hasty report (from 25-29 July) on the war in progress.[12]

Attaque de la vallée d'Enda Macael par une escadrille italienne
in *L'Illustration*, décembre 1935, p. 118
in *L'Illustration*, December 1935, p. 118

Ouvriers dans les gorges d'Adigrat
in *L'Illustration*, décembre 1935, p. 205
in *L'Illustration*, December 1935, p. 205

D'une guerre à l'autre : le corps comme propos politique

Rapatrié en France, Géo Ham est envoyé dès 1936[13] en Espagne pour un rapide reportage (du 25 au 29 juillet !) sur la guerre en cours. Malgré l'éloge qui précède le bref article de *L'Illustration*, on peut s'étonner du résultat produit. Un texte dense, douze photographies accablantes pour le régime républicain et un seul croquis. Ce dernier, il est vrai, soutient l'argument du texte et de la photographie. Les miliciens « rouges » n'ont au sens propre comme au sens figuré aucune tenue, leur visage peu avenant préfigure les horreurs qu'ils commettent (incendie d'églises, exécutions sommaires, etc.). Clin d'œil de l'histoire, c'est une Rolls-Royce que conduisent ces irréguliers.

De ce point de vue, ce type de croquis s'inscrit pleinement dans le prolongement de la production issue de la campagne d'Éthiopie. Les soldats italiens faisaient déjà l'objet d'un traitement différencié, s'inscrivant dans un double registre : celui du fantaisiste latin au profil reconnaissable lors du voyage à bord du *Lombardia* ; celui du Romain héritier d'une discipline de groupe s'exprimant par le fer ou par la pioche[14], incarnation du nouvel ordre fasciste. Le style de l'artiste, s'il peut parfois trouver son fondement dans le formalisme des arts appliqués français de l'entre-deux-guerres, attaché à la simplification de l'image du travailleur, n'en rappelle pas moins des esthétiques plus contestables[15]. La typification du guerrier ou du travailleur donne à voir une communauté héroïque d'hommes (les femmes n'y ont pas leur place), soudés par la volonté. Le passage du dynamique au statique est autant esthétique que politique. À la « mollesse » des attitudes des miliciens républicains s'opposent de loin en loin les puissantes compositions éthiopiennes valorisant les poignards dressés des chemises noires qui convergent vers le prêtre lors de l'Eucharistie (!) ou le combat de l'homme, machine de muscles, contre la terre et le rocher. Curieusement et malgré une sourde sympathie de l'équipe éditoriale de *L'Illustration* pour le général Franco et une méfiance instinctive vis-à-vis des forces du désordre, Géo Ham ne sera plus envoyé en Espagne. L'aviation va s'illustrer sans lui du côté franquiste

the result was surprising: a dense text, twelve damning photographs for the Republican regime and one sketch which, true enough, supported the argument in the text and the photograph: The "Red" militia had literally no bearing and their sinister air prefigured the horrors they exacted (burning churches, summary executions, etc.). Funnily enough, history has it that these "irregulars" drove a Rolls Royce! This type of sketch can be seen as a natural extension of his production from the Ethiopian campaign. The Italian soldiers had already been treated differently, with a double register: as the recognisable Latin eccentric aboard the *Lombardia*; or, as the Roman heir of group discipline expressed by an iron bar or a pick, the incarnation of the new fascist order.[13] While his style was sometimes rooted in the formalism of French applied arts from the interwar period, with its fondness for simplifying the image of the worker, it nonetheless recalled the most questionable aesthetics.[14] Typified images of the warrior or the worker displayed a heroic community of men united by force of will (women had no place). The shift from dynamic to static was as aesthetic as it was political. From time to time he would contrast the "feebleness" of the Republican militia with his powerful Ethiopian compositions, emphasising the raised daggers of the Blackshirts swooping down on the priest during the Eucharist (!), or the fight of man and muscle against earth and rocks. Strangely enough, and despite the fact that the editorial board backed General Franco and instinctively mistrusted the forces of disorder, Geo Ham would not be sent to Spain again. The air force would be illustrated without him both on Franco's side (the Condor Legion) and the Republican side (André Malraux), mainly through photography, which was already taking over from illustration.

The France Campaign: a Patriot on the Front Line

In the years 1937 and 1938, Geo Ham produced little in the field of army images and competition had grown tough. Galland, Scott, Jonas, and Brenet supplied most of the published drawings. With national mobilisation, *L'Illustration*

(la légion Condor) ou républicain (André Malraux)
et principalement par l'intermédiaire de la photographie
qui prend désormais le pas sur le dessin.

La campagne de France : un patriote au front

Les années 1937 et 1938 voient de fait Géo Ham produire peu
dans un domaine, l'armée, où désormais la concurrence est
rude. Galland, Scott, Jonas, Brenet notamment fournissent
l'essentiel des dessins. La mobilisation nationale et
l'engagement de *L'Illustration* comme lors de la Grande
Guerre vont lui permettre de revenir sur le devant de la
scène. On retrouve par exemple son goût pour le « pittoresque
humain » et pour les types et uniformes dans sa description
des soldats écossais pour un article du général Duval
sur l'armée britannique[16]. Son style conserve la vivacité
du trait qui le distingue de Galland, son rival sur ce sujet[17].
Dans ce même article consacré à l'armée britannique
réapparaît également le thème favori de Géo Ham : l'arme
mécanisée. L'emploi intensif du moteur est magnifié par des
compositions parfois originales (une double allée de camions)
mais qui peuvent rappeler celles d'Éthiopie (un camion
britannique affrontant un terrain difficile). La motocyclette
y fait aussi son apparition. On retrouve les mêmes éléments
(des automitrailleuses en procession et des canons
antichars), un an plus tard, dans un article écrit par le général
Cadilhac[18]. Sur le sujet de la guerre mécanisée cependant,
Géo Ham rencontre là encore un nouveau concurrent :
Albert Brenet. Si celui-ci ne possède pas le sens du
mouvement de Géo Ham pour ces nouvelles mécaniques,
il offre en « compensation » de vastes compositions animées
par un sens « impressionniste » des couleurs[19]. Seule l'aviation
permet à Géo Ham de s'exprimer sans rivalité. Trois reportages
édifiants sont à mettre à son actif[20].
Le premier, simple dessin noir et blanc, met en scène dans
une grande diagonale la chasse faite par un Curtiss
monoplace à un avion allemand. Autour, le dessinateur
valorise les phases acrobatiques du combat. Le deuxième,
plus ambitieux, sur deux pages en poster, permet d'apprécier

became committed to the war, as it had in the Great War,
and this gave him a chance to move back onto centre stage.
In Geo Ham's portrayal of Scottish soldiers for an article by
General Duval on the British army, for example, we rediscover
his taste for "human colour" and men in uniforms.[15] His style
maintained the lively stroke that distinguished him from
Galland, his rival on this subject.[16] The same article on the
British army also featured Geo Ham's favourite theme:
the mechanised army. Intensive use of engines was magnified
by his often original compositions (a double row of trucks)
that sometimes recalled his Ethiopian images (a British truck
tackling a difficult terrain). Motorcycles also appeared.
The same elements (a procession of automatic machine guns
and antitank cannons) are found a year later in an article
written by General Cadilhac.[17] On the subject of mechanised
warfare, however, Geo Ham encountered a new rival:
Albert Brenet. While Brenet did not possess Geo Ham's sense
of movement in portraying these new mechanics, he made up
for it by his vast compositions animated by an "impressionistic"
sense of colours.[18] The only field where Geo Ham could still
express himself without any competition was aviation,
for which he signed at least three edifying reports.[19]
The first, a simple black and white drawing, was a diagonal
composition depicting a Curtiss single-seater chasing
a German plane. The illustrator highlighted the acrobatic
phases of the fight around this central element. The second,
more ambitious project, a two-page poster spread, depicted
the performances of Morane 406s rescuing an observation
plane being attacked by Germans. Here Geo Ham preferred
a plunging, bird's eye view of the scene to a low-angle vision
and its variations, making the viewer feel they were really
taking part in the French feats. Generally speaking, the idea
was to reassure people about the performance of French
fighter planes, aircraft that seemed unreliable and stretched
to their limits.[20] As for the rhetoric of the criminal German,
it was amply expressed in a composition that portrayed
a "terrible reversal" of the race between trains and planes:
"A train full of Belgian refugees (women and children)

Camions de troupes anglaises
n.d., gouache
n.d., Gouache

Scène militaire
n. d. (vers 1940), aquarelle
n. d. (circa 1940), Watercolour

Scène militaire
n. d. (vers 1940), aquarelle et gouache
n. d. (circa 1940), Watercolour and gouache

Scène militaire
n. d. (vers 1940), aquarelle et gouache
n. d. (circa 1940), Watercolour and gouache

les performances des Morane 406 à la rescousse d'un avion d'observation assailli par les Allemands. À la contre-plongée et ses variantes, Géo Ham préfère ici une vue plongeante et dominante sur la scène, donnant l'impression de participer pleinement aux exploits français. De manière générale, il s'agit de rassurer sur les performances de la chasse française, dont les appareils paraissent peu fiables et en limite de capacité[21]. La rhétorique de l'Allemand criminel trouve quant à elle sa pleine expression dans une composition, « terrible inversion » de la course du train contre l'avion : « Train de réfugiés belges (femmes et enfants) en route pour la France et poursuivie, bombardée et mitraillée (sic) par les Allemands. » La dramaturgie de la scène est renforcée par le rendu du train fou qui file vers le spectateur impuissant, survolé par les aéronefs ennemis.

Les ailes brisées :
un illustrateur dans la France occupée

L'Illustration, malgré le caractère patriotique de ses articles, doit comme toute la France se résoudre à la capitulation. Louis Baschet fait alors le choix de la reprise du travail et doit donc accepter une mise sous tutelle particulièrement stricte. Trois sujets « de méditation[22] » sont mis à l'honneur. La France est coupable comme l'Angleterre. Le peuple français est coupable comme ses dirigeants. Le peuple français ne peut s'en prendre qu'à lui-même. Pour « gangrener » le journal, Otto Abetz désigne Jacques de Lesdain, le 26 août 1940, qui désormais assurera l'essentiel des articles de propagande et donnera le ton du journal. Il peut compter sur Robert de Beauplan qu'il côtoie à Radio Paris.

Dans ces heures tragiques, les dessinateurs cherchent avant tout à survivre. L'essentiel de leurs commandes relève de la chronique de la vie quotidienne et du système D. Géo Ham parvient ainsi à rendre compte successivement[23] du pittoresque de l'évacuation des autobus parisiens à la campagne, de l'exode des chevaux de course, des nouvelles courses de vélos à remorque à Montmartre, de la mise en gage

on their way to France, being chased, bombed, and machine-gunned [sic] by the Germans." The drama of the scene was reinforced by the rendering of the unbridled train hurtling towards the helpless viewer, as the enemy aircraft flew overhead.

Broken Wings: an Illustrator in Occupied France.

Despite the patriotic nature of its articles, *L'Illustration*, like the rest of France, had to come to terms with capitulation. Louis Baschet chose to resume publication, but was made to accept a particularly strict supervision. Three subjects "for meditation" were put to the fore.[21] France is guilty, like England. The French people are guilty, like their leaders. The French people only have themselves to blame. On 26 August 1940, Otto Abetz appointed Jacques de Lesdain to "blight" the journal, taking charge of most of the propaganda articles and the overall tone. In this he could count on Robert de Beauplan, whom he knew from Radio Paris.

In these tragic times, the illustrators sought first and foremost to survive. Most of their commissions chronicled daily life and resourceful ways of getting by. Geo Ham thus managed to file successive reports on the picturesque evacuation of Parisian buses to the countryside, the exodus of the racing horses, tow-cycle races in Montmartre, car pawning, gas generator cars, and car frames made of iron.[22] His drawings translate the image of a mechanical civilisation grinding to a halt, which the large compositions of 1943 devoted to the Bressuire slaughterhouse and its refrigerator did little to hide. In proposing a large watercolour drawing with admirably apportioned colours, a testimony [sic] to the "colourful sight of the production line in the great hall of the central butcher's", perhaps he was trying to respond to Brenet.[23] Yet these commissioned pieces do not sum up Geo Ham's work: the artist continued to illustrate the world of aviation, a subject which, for those who had not deserted the front, became the refuge for a wounded nationalism.[24] Encouraged by the Vichy government, a new cult for the

Victoire aérienne française
n. d. (vers 1940), aquarelle
n. d. (circa 1940), Watercolour

des voitures, des camions à gazogène et du ferraillage des voitures. C'est l'image d'une civilisation mécanique s'arrêtant progressivement que traduisent ses dessins et que dissimulent mal les grandes compositions de l'année 1943, consacrée au centre d'abattage de Bressuire et à son frigorifique. En proposant ici un grand dessin aquarellé aux couleurs admirablement réparties, témoignage (sic) du « spectacle coloré du travail à la chaîne dans le grand hall de la boucherie centrale », peut-être cherche-t-il à répondre à Brenet[24]. Cependant, ce travail de commande ne saurait résumer l'œuvre de Géo Ham qui persiste à illustrer le monde de l'aviation. Le sujet, il est vrai, devient le seul refuge d'un nationalisme blessé pour ceux qui n'ont pas déserté au front[25]. Encouragé par Vichy se développe alors un nouveau culte du héros des airs, image du courage individuel dans l'épreuve et annonciateur d'un renouveau moral et technique. Ce culte consensuel fédère tout autant les résistants et héros de la Grande Guerre (l'aviation est chantée par de Gaulle comme par Roland Dorgelès ou le colonel de La Roque) qu'une France maréchaliste qui oppose au pilote courageux l'impéritie socialiste dans l'organisation de l'aviation française. Géo Ham rend hommage à Mermoz, illustre les voyages aériens de Louis Castex[26] mais, surtout, donne corps à l'aventure du pilote Marcel Migeo. Son récit d'une débâcle, *Batailles dans le ciel*[27], proche dans la forme de *Pilote de guerre* de Saint-Exupéry, conte l'histoire tragique d'une escadrille de bombardiers modernes LeO 451 (Lioré et Olivier) utilisée à contre-emploi et sacrifiée pour l'honneur. Marcel Migeo, héros incontesté, est par ailleurs l'auteur des *Rogneurs d'ailes*, dénonciation de l'incurie politique et militaire à l'origine de la débâcle. Le dessin de couverture propose toujours le même rendu réaliste. Rien n'est oublié, ni le camouflage, ni les cocardes, ni l'armement de bord en action (bombes, canon dorsal de 20 millimètres et mitrailleuse ventrale de 7,5 millimètres). Le cadrage valorise l'avion dans son piqué mortel. Nul adversaire à proximité, faut-il y voir un recadrage idéologique ? L'épreuve ici ne semble mettre en prise que des Français. Sur le même sujet, Géo Ham avait

airborne hero developed—the image of individual courage in the face of adversity that heralded a moral and technical revival. This consensual cult united anyone from Resistance fighters and heroes of the Great War (the air force was praised by de Gaulle, Roland Dorgelès, and Colonel de La Roque) to the Pétain-supporters of France, who set the image of the brave pilot against Socialist incompetence in the French air force organisation. Geo Ham paid tribute to Mermoz, illustrated Louis Castex's air trips, and above all gave form to the adventure of the pilot Marcel Migeo.[25] The latter's account of a debacle, *Batailles dans le ciel*, which is similar in form to Saint Exupéry's *Flight to Arras*, recounts the tragic story of a squadron of modern LeO 451 bombers (Lioré et Olivier) put to the wrong use and sacrificed for the sake of honour.[26] Marcel Migeo, the undisputed hero, was also the author of *Rongeurs d'ailes*, which denounced the political and military negligence behind the debacle.[27] The cover drawing proposed the same realistic rendering in Geo Ham style. Nothing was omitted, not the camouflages, nor the roundels, nor the on-board arms in full action (bombs, 20 mm back cannon and 7.5 mm ventral machine gun). The framing heightens the image of the plane in its deadly dive. The enemy is not present—was this an ideological readjustment? Here only the French seem to be grappling with the ordeal. Geo Ham had already produced scenes representing LeO 451 craft attacking a German armoured column that put up a fierce resistance; before the war, he had depicted bombers performing a high-altitude attack on a German city at night.[28] Beyond his taste for the aesthetics of the bombers' "double rear fins", it is their relationship to the ground below that was highlighted and dramatised at the time.

The National Revolution: the Final Move to Rustic Pacifism

Geo Ham was a wounded patriot, an illustrator working to make ends meet who ended up barely masking his attachment to Pétain.
France was occupied and the discourse of the man who had triumphed at Verdun—an artful mix of rural conservatism

L'Exode
n. d. (vers 1940), dessin rehaussé à la gouache
n. d. (circa 1940) Drawing highlighted with gouache

Croix avec casque et lunettes
n. d., dessin
n. d., Drawing

La Cérémonie au monument aux morts
n. d. (vers 1940), dessin
n. d. (circa 1940), Drawing

déjà produit des scènes représentant des LeO 451 lors d'une attaque de colonne allemande malgré une farouche résistance et, avant-guerre, des bombardiers attaquant de nuit à haute altitude une ville allemande[28]. Au-delà du goût pour l'esthétique des «doubles dérives arrière» des bombardiers, c'est bien leur rapport au sol qui était alors valorisé et dramatisé.

La révolution nationale : la conversion finale au pacifisme agreste

Patriote blessé, auteur d'œuvres alimentaires, Géo Ham cache mal au final son attachement à l'œuvre maréchaliste. Dans la France occupée, le discours du vainqueur de Verdun, mélange habile de conservatisme rural et de catholicisme social, d'acceptation de la défaite sans prise de position ferme sur l'avenir, séduit un temps une large frange de l'opinion[29]. L'idée d'un rapport pacifié à la technique mise au service d'une utopie fondée sur les valeurs rurales (la terre ne ment pas !) et les anciennes solidarités nationales trouve dans le journal *L'Illustration* un écho particulièrement favorable, mélange de pragmatisme et d'exaltation. Pragmatisme tout d'abord puisque le retour à la terre est motivé par l'absence de loisirs urbains et de ravitaillement, capté par l'occupant. Géo Ham se fait alors l'illustrateur des sorties cyclotouristiques passant par les cours de fermes[30]. Exaltation également puisque, dès Noël 1940[31], La Varende peut proclamer : «L'intérêt pour le paysan est revenu ! » Le numéro spécial consacré le 26 juillet 1941 par *L'Illustration* à l'agriculture est de ce point de vue édifiant. Les illustrations de matériel agricole moderne par Géo Ham (tracteurs, moissonneuses, etc.), à la couleur bleue pimpante dans un univers d'abondantes moissons, viennent servir le discours bucolique d'Albéric Cahuet sur les nouveaux physiocrates : «Une économie agrarienne peut étayer une civilisation aussi variée, aussi fleurie et plus humaine qu'un système industrialisé » ; «Ce ne sera ni une régression, ni une pénitence ». Remède à «l'effritement de l'armature physique et morale » du pays, ce retour à la terre se fait sous

and social Catholicism, accepting defeat without taking a firm stance for the future—seduced a large swathe of public opinion for a time.[29] The idea of a pacified relationship to technology, serving a utopia founded on rural values (the land tells no lies!) and old national solidarities, was particularly well-echoed in the journal *L'Illustration*, with a mixture of pragmatism and elation.

Pragmatism because the "back to the earth" move was motivated by the absence of urban leisure and fresh food supplies, which were being tapped by the occupiers. Geo Ham thus became the illustrator of the cyclotourist excursions that travelled via the farmyards.[30] Elation too because, by Christmas 1940, the writer La Varende could already proclaim: "People are interested in farmers again!"[31] The special issue of *L'Illustration* devoted to farming on 26 July 1941 is edifying on this point. Geo Ham's illustrations of modern bright blue farming machinery (tractors, harvesters, etc.) set among abundant crops served Albéric Cahuet's discourse on the new physiocrats: "An agrarian economy can support a varied, blossoming, yet more human civilisation just as well as an industrialised system can." "It will be neither a regression, nor a penitence." As a remedy to "the erosion of the physical and moral framework" of the country, the "back to earth" shift was overseen by an organisation of guilds (chart of 2 December 1940), much to the delight of certain notables in the farming regions of western France. In this context, Geo Ham tried his hand at an illustrated article on the hard-working life of the Cistercian monks of Entrammes, in Mayenne.[32] *L'Illustration* was founded on large watercolour drawings where dabs of warm hues brightened up the industrial settings, as in many of his productions. In both text and image it was the union between modernity (speed, progress) and tradition (a job well done) that was being underlined. The article on the monks boosted the values of Christianism, the alliance of charity and endeavour, for "to work is to pray". It was not signed, an apparent exception in both the journal and the career of Geo Ham.

l'égide d'une organisation en corporations (charte du 2 décembre 1940), ce dont se félicitent certains notables de l'Ouest français agricole. Dans ce contexte, Géo Ham livre un article illustré sur la vie laborieuse des moines cisterciens d'Entrammes, en Mayenne[32]. *L'Illustration* se fonde sur de grands dessins aquarellés où les couleurs chaudes utilisées par touches rehaussent les décors industriels, comme dans nombre de ses productions. Par le texte comme par l'image, c'est l'alliance de la modernité (la vitesse, le progrès) et de la tradition (le travail bien fait) qui est mise en exergue. Le christianisme, alliance de charité et de goût pour l'effort, est valorisé car « travailler, c'est prier ». L'article ne sera pas signé, apparente exception dans le journal comme dans la carrière de Géo Ham.

À la fin de la guerre, *L'Illustration* cessera de paraître. Dédouané de tout fait de collaboration, son propriétaire ne peut relancer une société qui, elle, est condamnée pour sa ligne éditoriale[33]. Un temps inquiété[34], Géo Ham se consacre de nouveau à l'illustration automobile qui fait son grand retour. À l'épopée mécanique, prolongement de l'imagerie d'avant-guerre, se superpose alors l'exaltation d'une société de consommation prompte à l'oubli du passé récent. Parallèlement, il reprend son œuvre consacrée à l'aviation et aux héros français. Que ce soit pour *Guillaumet* ou pour *Guynemer*[35], la gouache prend alors le dessus sur l'aquarelle au service d'une œuvre patriotique crépusculaire tentée par une forme d'abstraction.

At the end of the war, *L'Illustration* ceased to publish. Cleared of all acts of collaboration, the owner could not manage to re-launch a title that was being slammed for its editorial standpoint.[33] Geo Ham was bothered for a time, but then went back to car illustrations, which made a major comeback.[34] The mechanical adventure that had followed the pre-war imagery was superseded by the thrill of a consumer society quick to forget the recent past. Meanwhile he also returned to his work on aviation and its French heroes. Gouache became predominant in his work, whether for *Henri Guillaumet* or *Guynemer*, taking over from watercolours to serve a crepuscular, patriotic work lured by a form of abstraction.[35]

1. Sur ce point et sur les manœuvres italiennes pour soudoyer la presse : MARCHANDIAU, Jean-Noël, *L'Illustration (1843-1944), vie et mort d'un journal*, Bibliothèque historique Privat, Paris, 1987, p. 255 et 258.

2. « La guerre italo-éthiopienne », numéro spécial, *L'Illustration*, juillet 1936, in préface, p. 9-21.

3. MONFREID, Henri de, *Le Drame éthiopien*, Grasset, Paris, 1935 ; *Vers les terres hostiles de l'Éthiopie*, Grasset, Paris, 1933.

4. Pierre Ichac (1901-1978), reporter, cinéaste et ethnologue français.

5. *L'Illustration*, mai 1936, p. 185-188.

6. Numéro spécial de *L'Illustration*, juillet 1936, p. 116-120, 156-162 et 205-206.

7. *Ibidem*, p. 159-207.

8. Ce rapprochement trivial trouve sa contrepartie littéraire chez MORAND, Paul, *Chroniques*, Grasset, Paris, 2001, p. 73-96.

1. On this question and on Italian manoeuvres to bribe the press, see Jean-Noël Marchandiau, *L'Illustration (1843-1944), vie et mort d'un journal* (Paris: Bibliothèque historique Privat, 1987), pp. 255 and 258.

2. "La Guerre italo-éthiopienne", *L'Illustration*, special issue, July 1936, preface, pp. 9-21.

3. Henri de Monfried, *Le Drame éthiopien*, (Paris: Grasset, 1935); *Vers les terres hostiles de l'Éthiopie* (Paris: Grasset, 1933).

4. Pierre Ichac (1901-1978), reporter, filmmaker, and French ethnologist.

5. *L'Illustration*, May 1936, pp. 185-188.

6. *L'Illustration*, special issue, July 1936, pp. 116-120, 156-162, 205-206.

7. Ibid., pp. 159-207

8. This everyday parallel has a literary counterpart in Paul Morand's *Chroniques* (Paris: Grasset, 2001), pp. 73-96.

9. The Futurist manifesto notably proclaimed: "We want to sing the love of danger, the habit of energy and daring. …We want to glorify war. The only cure for the world is militarism, patriotism, the destructive gestures of the anarchists, fine ideas that kill, and contempt for women," in *Le Figaro*, 20 February 1909. Gabriele d'Annunzio (1863-1938) was a poet who cultivated a chivalrous and nationalistic stance. He went to France in 1910, then enrolled in the air force during the First World War.

10. Geo Ham was decorated by Mussolini at the end of the conflict.

11. Colloquium *Pour une histoire critique et citoyenne*: Nicola Labanca, "Un autre colonialisme? Les historiens italiens et le poids de l'idéalogie coloniale" [Another colonialism? Italian historians and the weight of colonial ideology], translated into French by Gilbert Meynier, Lyon, 20-22 June 2006.

12. *L'Illustration*, 8 August 1936, p. 430.

13. *L'Illustration* special edition, pp. 162-205.

14. Eric Michaud, *Un art de l'éternité. L'image et le temps du national-socialisme*, (Paris: Gallimard, 1996) pp. 304-320.

15. *L'Illustration*, 11 November 1939, p. 271.

16. "La bonne cuisine française pour nos soldats", *L'Illustration*, 5 February 1938, pp. 157-160.

17. *L'Illustration*, 11 January 1940, pp. 38-39.

18. "La guerre motorisée" by General Duval, *L'Illustration*, 5 October 1938, p. 155; *L'Illustration*, 2 May 1940, pp. 207-211, by General Cadilhac.

19. *L'Illustration*, 18 November 1939, p. 307; "Curtiss contre Messerschmitt 109", 6 January 1940, p. 11; "Morane 406 contre Messerschmitt 109", 25 May 1940.

« Cour de l'abbaye », « Salle des presses à fromage »,
« Moine apposant la marque de l'abbaye », « Moine dosant la matière grasse du lait », « Moine malaxant la pâte à fromage »,
« Salle avec baratte et malaxeur », « Salle de stockage du fromage »

Trappe d'Entrammes, n. d. (vers 1941), série de huit gouaches parues dans *L'Illustration*, n° 5149, 15 novembre 1941, p. 272-276
Trappe d'Entrammes, n. d. (circa 1941), Series of eight gouaches published in *L'Illustration*, n° 5149, 15 November 1941, pp. 272-276

9. Le manifeste futuriste proclame notamment: «Nous voulons chanter l'amour du danger, l'habitude de l'énergie et de la témérité [...]. Nous voulons glorifier la guerre. Seule hygiène du monde, le militarisme, le patriotisme, le geste destructeur des anarchistes, les belles idées qui tuent et le mépris de la femme», in *Le Figaro*, 20 février 1909.

10. Gabriele d'Annunzio (1863-1938), poète cultivant une attitude chevaleresque et nationaliste. Il rejoint la France en 1910 puis s'engage dans l'aviation lors de la Première Guerre mondiale.

11. Géo Ham sera décoré par Mussolini à l'issue du conflit.

12. Colloque *Pour une histoire critique et citoyenne*: LABANCA, Nicola, «Un autre colonialisme? Les historiens italiens et le poids de l'idéologie coloniale», trad. Gilbert Meynier, Lyon, 20-22 juin 2006.

13. *L'Illustration*, 8 août 1936, p. 430.

14. Numéro spécial de *L'Illustration*, p. 162-205.

15. MICHAUD, Éric, *Un art de l'éternité. L'image et le temps du national-socialisme*, Gallimard, Paris, 1996, p. 304-320.

16. *L'Illustration*, 11 novembre 1939, p. 271.

17. «La bonne cuisine française pour nos soldats», *L'Illustration*, 5 février 1938, p. 157-160.

18. *L'Illustration*, 11 janvier 1940, p. 38-39.

19. «La guerre motorisée», par le général Duval, *L'Illustration*, 5 octobre 1938, p. 155; *L'Illustration*, 2 mai 1940, p. 207-211, par le général Cadilhac.

20. *L'Illustration*, 18 novembre 1939, p. 307; «Curtiss contre Messerschmitt 109», 6 janvier 1940, p. 11; «Morane 406 contre Messerschmitt 109», 25 mai 1940.

21. JOUINEAU, André, BREFFORT, Dominique, *Avions et pilotes. L'aviation française de 1939 à 1942. Chasse, bombardement, reconnaissance et observation*, Histoire et collections, Paris, 2005.

22. MARCHANDIAU, Jean-Noël, *op. cit.*, p. 272.

23. *L'Illustration*, 21 septembre 1940, p. 67; 12 octobre 1940, p. 140-141; 26 octobre 1940, p. 189; 23 novembre 1940, p. 303-306; couverture du numéro du 4 octobre 1941; 20 juin 1942, p. 139; 13 mars 1943, p. 167-170.

24. Brenet: «Turboalternateur»: gouache parue dans *L'Illustration*, 15 mars 1941, p. 270; «Les chevaliers du rail»: œuvre parue dans *L'Illustration*, 17 juillet 1943, p. 39; «Jonas – Usine à gaz moderne»: œuvre parue dans *L'Illustration*, 28 août 1943.

25. En 1940, il défend le pont du Garigliano. Sa bravoure lui vaut la croix de guerre. In BERNARD, Denis, «Géo Ham, le peintre de la vitesse», *Automobile historique*, n° 43, décembre 2004, p. 38-47.

26. CASTEX, Louis, préface de Roland Dorgelès, illustrations de Géo Ham, *Mon tour du monde en avion*, éditions B. Sirven, Toulouse-Paris, 1943.

27. MIGEO, Marcel, illustrations de Géo Ham, *Batailles dans le ciel*, Colbert, Paris, 1943; *Les Rogneurs d'ailes*, coll. «Enquêtes et témoignages», éditions René Debresse, Paris, 1941.

28. *L'Illustration*, 28 mai 1938.

29. Sur ce sujet difficile et sur les «improbables synthèses» notamment: COMTE, Bernard, *Une utopie combattante. L'école des cadres d'Uriage, 1940-1942*, Fayard, Paris, 1991.

30. *L'Illustration*, 4 octobre 1941.

31. *L'Illustration*, 7 décembre 1940.

32. *L'Illustration*, 15 novembre 1941, p. 273-276.

33. MARCHANDIAU, Jean-Noël, *op. cit.*, p. 279-292.

34. BERNARD, Denis, *op. cit.*, p. 46.

35. CHAMBRE, René, illustrations de Géo Ham, *Guynemer*, coll. «Cœurs de France», Marcus, Paris, 1949.

20. André Jouineau, Dominique Breffort, *Avions et pilotes. L'aviation française de 1939 à 1942. Chasse, bombardement, reconnaissance et observation* (Paris: Histoire et collections, 2005).

21. Jean-Noël Marchandiau, *op. cit.* p. 272.

22. *L'Illustration*, 21 September 1940, p. 67; 12 October 1940, pp. 140-141; 26 October 1940, p. 189; 23 November 1940, pp. 303-306; cover of the 4 October 1941 issue; 20 June 1942, p. 139; 13 March 1943, pp. 167-170.

23. Brenet: "Turboalternateur": gouache published in *L'Illustration*, 15 March 1941, p. 270; "Les chevaliers du rail": work published in *L'Illustration*, 17 July 1943, p. 39; "Jonas – Usine à gaz moderne": work published in *L'Illustration*, 28 August 1943.

24. In 1940 he defended the Garigliano Bridge. His bravery won him the Military Cross. In Denis Bernard, "Geo Ham, le peintre de la vitesse", *Automobile historique*, n° 43, December 2004, pp. 38-47.

25. Loius Castex, preface by Roland Dorgelès, illustrations by Geo Ham, *Mon tour du monde en avion* (Toulouse-Paris: Éditions B. Sirven, 1943).

26. Marcel Migeo, illustrations by Geo Ham, *Batailles dans le ciel* (Paris: Colbert, 1943.

27. Marcel Migeo, *Les Rogneurs d'ailes*, coll. "Enquêtes et témoignages" (Paris: Éditions René Debresse, Paris, 1941).

28. *L'Illustration*, 28 May 1938.

29. On this tricky subject and the "improbable syntheses", see notably Bernard Comte, *Une utopie combattante. L'école des cadres d'Uriage, 1940-1942* (Paris: Fayard, 1991).

30. *L'Illustration*, 4 October 1941.

31. *L'Illustration*, 7 December 1940.

32. *L'Illustration*, 15 November 1941, pp. 273-276.

33. Jean-Noël Marchandiau, *op. cit.*, pp. 279-292.

34. Denis Bernard, *op. cit.*, p. 46.

35. René Chambre, illustrations by Geo Ham, *Guynemer* (Paris: Marcus, coll. "Cœurs de France", 1949).

L'AÉROPOSTALE
GÉO HAM ET LA NAISSANCE D'UN MYTHE FRANÇAIS

XAVIER VILLEBRUN

Entreprise visionnaire, défi technique, logistique et humain, l'aventure de l'Aéropostale doit tout au jeune industriel Pierre Latécoère[1]. Il est le premier au lendemain de la Grande Guerre à tirer les leçons des progrès réalisés par l'aviation. Il peut dès 1919 proposer une ligne régulière pour le courrier de Toulouse à Casablanca. Cette aventure économique et technique ne pouvait laisser indifférent un pays profondément marqué par la guerre, à la recherche de héros donnant l'exemple du courage et de l'audace. Sur ce point, l'œuvre de Géo Ham va contribuer, comme celle de Saint-Exupéry, à la fondation d'un mythe.

Géo Ham, chroniqueur de l'histoire aéropostale

Lorsqu'en 1932, un an après l'attribution de son titre de peintre de l'Air, Géo Ham est envoyé en mission pour le journal *L'Illustration*[2] afin de rendre compte des conditions de transport du courrier par la ligne aéropostale, la compagnie mythique de Pierre Latécoère a déjà vécu. Malgré le transport de trente-deux millions de lettres et le versement de subventions d'État, la crise de 1929 et l'endettement chronique de l'entreprise conduirent au dépôt de bilan le 31 mars 1931. Placée par l'État sous le contrôle de Raoul Dautry, en partie démantelée, l'Aéropostale rejoint le nouveau groupe Air France en 1932. Dans un contexte de concurrence exacerbée entre nations, alors que la jeune Lufthansa[3] propose des services diversifiés en la matière, il s'agit de montrer aux Français qui « sont en général les seuls à ignorer leurs réalisations » que l'énergie des pionniers n'est pas perdue. Ce reportage offre par ailleurs un parallèle de nature journalistique à l'œuvre plus littéraire et déjà reconnue d'Antoine de Saint-Exupéry. Dès 1929, *Courrier sud*

Trimoteur Air Océan
n. d., gouache, détail
n. d., Gouache, detail

THE AÉROPOSTALE
GEO HAM AND THE BIRTH OF A FRENCH MYTH

XAVIER VILLEBRUN

A visionary enterprise and a technical, logistical, and human challenge, the adventure of the Aéropostale owes everything to the young industrialist Pierre Latécoère.[1] He was the first to learn from the progress made in aviation in the wake of the First World War and already proposed a regular air mail line from Toulouse to Casablanca in 1919. This economic and technical adventure could not fail to strike a chord in a country that had been deeply marked by the war and was looking for a hero who could stand as an example of bravery and daring. In this respect, the work of Geo Ham, as with that of Saint Exupéry, would help to found a myth.

Geo Ham: Chronicling the History of the Aéropostale

When Geo Ham was sent on a mission for the journal *L'Illustration* in 1932, a year after acquiring his title as "artist of the Air", to report on the conditions of the airmail transportation service, Pierre Latécoère's mythical company had already had its day.[2] It had transported thirty-two million letters and had received state subsidies, but was forced into liquidation on 31 March 1931 due to the company's chronic debts and the economic crisis of 1929. Placed under the control of Raoul Dautry and partially dismantled, the Aéropostale joined the new Air France Group in 1932. In a context of heightened competition between nations, with the young Lufthansa offering diversified airmail services, the French, who were "generally the only people who know nothing about their accomplishments", had to be shown that the pioneering energy had not been lost.[3] This report also offered a journalistic parallel to the more literary works of Saint-Exupéry, which were better known: in 1929 *Southern Mail* paid tribute to the pilots of the African line; in 1931

rend hommage aux pilotes de la ligne africaine. En 1931,
le prix Femina récompense *Vol de nuit*, récit de la fondation
héroïque de la ligne américaine[4]. Embarqué dans la route,
Géo Ham va suivre le cheminement complet du courrier
sur huit jours de Paris à Santiago, soit 20 000 kilomètres
sur trois continents. Ode patriotique au courage des hommes,
le reportage permet également d'apprécier la diversité
et la qualité des matériels utilisés. Le Laté 28 pour le départ
de Paris et la route du sud. Le Latécoère 26 surtout, l'avion
mythique de Guillaumet et Mermoz, utilisé tant pour l'Afrique
que pour l'Amérique. Le Potez 25 enfin, plus puissant,
qui vient renouveler la flotte d'appareils destinés au survol
de la cordillère des Andes. Ce sont ces mêmes appareils que
l'on retrouvera dans les productions ultérieures de Géo Ham.
Celles conçues pour le *Mermoz*[5] de Paluel-Marmont donnent
l'occasion de reprendre à l'identique (mais en sépia)
l'approche de la piste du Latécoère 26 réalisée par Géo Ham
pour son reportage de 1932. Il en va de même de l'ouvrage
consacré à Guillaumet[6] qui donne notamment plus
spécifiquement à voir le Breguet XIV, premier biplan
bombardier, utilisé au tout début sur la ligne, et traité
avec un sens réel du « pittoresque ».

Cependant, à partir de la guerre, le répertoire « aéronautique »
de Géo Ham s'élargit. Le défi majeur, en effet, dès la fin des
années 1920, consiste non plus à établir une ligne continue
d'un continent à l'autre, mais bien d'effectuer la totalité
du trajet par voie aérienne. Dans son reportage de 1932,
Géo Ham effectue la traversée de l'Atlantique à bord
d'un aviso (l'*Aéropostale II*) en quatre jours. Le premier
aéronef à relever le défi le 12 mai 1930 est le Latécoère 28 III
Comte de la Vaulx de Mermoz, représenté en vol au ras des
vagues de l'Atlantique dans le *Mermoz* de Paluel-Marmont.
Il est le dernier de l'époque héroïque : les appareils ultérieurs
font entrer l'Aéropostale dans l'âge industriel. Deux avions
concurrents, deux philosophies s'affronteront. L'avion postal
Couzinet 70 *Arc-en-ciel*, trimoteur aux lignes élégantes,
sans flotteurs, permet à Mermoz de traverser l'Atlantique

the Femina Prize was awarded to *Night Flight*, the account
of the heroic foundation of the American line.[4] Geo Ham
embarked on the full eight-day mail flight from Paris to
Santiago—20,000 kilometres over three continents.
A patriotic ode to human courage, the report provided
an occasion to appreciate the diversity and quality
of the equipment used: the Laté 28 for the departure from
Paris and the route south; the Latécoère 26, Guillaumet and
Mermoz's mythic plane, used for both Africa and America;
and lastly, the more powerful Potez 25 that renewed the fleet
of aircraft destined to fly over the Andes mountain range.
These planes would be found in Geo Ham's later productions;
the works he did for Paluel-Marmont's *Mermoz* provided
an opportunity to reproduce the same Latécoère 26 approaching
the runway (only this time in sepia) that he had executed
for his report in 1932.[5] The same goes for the book
on Guillaumet that notably portrayed the Breguet XIV,
the first biplane bomber, used at the very start of the line
and treated with a real sense of the picturesque.[6]

With the war, however, Geo Ham's aeronautical repertoire
grew. In the late 1920s, the big challenge was no longer
to establish a continuous line from one continent to another,
but to cover the entire journey by air. For his report in 1932,
Geo Ham had crossed the Atlantic aboard a dispatch boat
(*L'Aéropostale II*) in four days. The first aircraft to have taken
up the challenge in 1930 had been Mermoz's Latécoère 28 III
Comte de Vaulx, which the artist would represent flying low
above the waves in Paluel-Marmont's *Mermoz*. This plane
was the last of the heroic era; the ones that followed would
take the Aéropostale into the industrial era. Two competing
planes and philosophies were in competition. The Couzinet
70 mail plane *Arc-en-Ciel*, a three-engined aircraft with
elegant lines and no floats, enabled Mermoz to cross the
Atlantic on 16 January 1933 and cover the entire route in
fifty-six hours. Geo Ham was a master in the art of rendering
the aerodynamics of the craft, in profile and especially from
behind, as well as the particularly low streamlined tail.

Mermoz traversant l'Atlantique Sud
in PALUEL-MARMONT, *Mermoz*, éditions Colbert, Paris, 1944, p. 31
in PALUEL-MARMONT, *Mermoz* (Paris: Éditions Colbert, 1944), p. 31

Piloté par Guillaumet, le Potez 25 traverse la cordillère des Andes
in *L'Illustration*, 19 novembre 1932, p. 385
in *L'Illustration*, 19 November 1932, p. 385

L'Arc-en-ciel
in PALUEL-MARMONT, *op. cit.*, p. 30
in PALUEL-MARMONT, *op. cit.*, p. 30

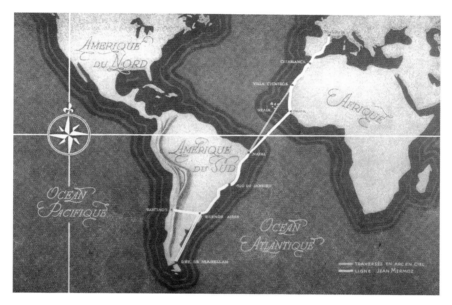

Parcours de la ligne
in PALUEL-MARMONT, *op. cit.*, p. 27
in PALUEL-MARMONT, *op. cit.*, p. 27

Traversée de la cordillère des Andes
in PALUEL-MARMONT, *op. cit.*, p. 21
in PALUEL-MARMONT, *op. cit.*, p. 21

le 16 janvier 1933 et de faire la totalité du trajet
en cinquante-six heures. Géo Ham sait de profil et surtout
par l'arrière en rendre l'aérodynamisme ainsi que la queue
profilée particulièrement basse. Cependant, l'État impose
sur la ligne l'hydravion Latécoère 300, qui entre en service
le 31 décembre 1933.

Critiqué par Mermoz, il est néanmoins mis en service régulier.
C'est à bord du prototype *Croix du Sud* que celui-ci disparaît
le 7 décembre 1936. Loin des polémiques, Géo Ham
se contentera de représenter le grand quadrimoteur lors de
son décollage, valorisant la proue si singulière de l'appareil.
Ce motif de l'hydravion de transport, Géo Ham le reprendra
une nouvelle fois avec le Latécoère 521. Le thème du
« paquebot des airs », et surtout le design original
de sa nageoire basse, retient son attention pour *Mon tour
du monde en avion*[7], au point d'en devenir emblématique
pour l'ensemble des modèles existants de clippers
transocéaniques. On le retrouve de manière moins heureuse
dans sa gouache restituant le *Lieutenant de Vaisseau Paris*
de Guillaumet au décollage, bien loin de l'élégance
de son Potez 161 de patrouille, représenté en plein vol
dans un camaïeu de vert pour *L'Illustration*.

Vers un lyrisme de la volonté : le pilote face à la nature
Le traitement des ciels et des paysages, secondaires dans
ses vues de détails aéronautiques, devient central dans
les grandes compositions. Que ce soit dans son reportage
de 1932 (vue aérienne urbaine et de la cordillère des Andes),
dans l'ouvrage *Mon tour du monde en avion* (survol de
la baie d'Along) ou ceux consacrés à Guillaumet (Potez 25
dans la neige) et à Mermoz (Mermoz face à la montagne),
c'est la démesure et la beauté de la nature qui sont
magnifiées face à l'avion.

De facture classique, ses aquarelles de 1932 réduisent l'avion
à un élément mineur de décor en partie basse. Le paysage
nocturne de Rio, centré sur le Pain de Sucre, se fait énigmatique.

As it turned out, however, on 31 December 1933, the French
state imposed the Latécoère 300 hydroplane on its line.

Though criticised by Mermoz, the Latécoère 300 was nonetheless
put into regular service. It was aboard the prototype
Croix du Sud that Mermoz disappeared on 7 December 1936.
Geo Ham kept away from the ensuing polemics and merely
represented the large four-engine craft at take-off,
enhancing its very unique bow. He would return to this motif
of the transportation hydroplane again with the Latécoère
521. The "air liner" [cruise ship of the air] theme,
particularly the original design of its low fin, later drew
his attention for *Mon tour du monde en avion*, to the point
of becoming emblematic for all the existing models
of transoceanic clippers.[7] It features less felicitously
in his gouache recreating Guillaumet's *Lieutenant
de Vaisseau Paris* on take-off, which is a far cry from
the elegance of his Potez 161 patrol craft, represented
in mid-flight in various shades of green for *L'Illustration*.

Towards a Lyricism of Determination: the Pilot and Nature
While the treatment of skies and landscapes were secondary
in Geo Ham's views of aeronautical details, they became
central in his large compositions. The aeroplane served
to magnify the beauty and excessiveness of nature,
whether in his 1932 report (an aerial urban view
and one of the Andes Mountains), in *Mon tour du monde
en avion* (flying over Along Bay), or in the works devoted
to Guillaumet (Potez 25 in the snow) and Mermoz (Mermoz
facing the mountain).

His technically classical watercolours for the 1932 report
reduce the plane to a minor element in the lower part
of the setting. The landscape of Rio at night, centred
on Sugar Loaf Mountain, is enigmatic. The matte blue rock
blends almost entirely with the sky and the immensity
of the ocean, treated in various shades of blue.

La roche bleu mat se distingue à peine du ciel et de l'immensité de l'océan, traitée en camaïeu de la même couleur.

Reprenant une composition identique, au paysage structuré sur une puissante transversale, Géo Ham offre un tout autre spectacle de la cordillère des Andes.
Il oppose aux tons froids des ombres bleutées des montagnes les tons chauds agencés autour du brun des sommets « rosis par l'aurore ». On retrouve dans son *Mermoz*, malgré un rendu plus sommaire, ce thème de l'opposition/admiration à la montagne. Les sommets lumineux soulignés par le contraste du ciel sépia et les pentes ombrées forment l'essentiel de la scène pourtant centrée sur l'avion.
Pour *Guillaumet*, la gouache permet à Géo Ham un renouvellement quasi abstrait du sujet dont seul un piton demeure visible grâce à l'évocation de la tempête. La neige blanche, rosie, s'oppose à un mur de blizzard mêlant neige et ombres menaçantes dans un dégradé de gris et de verts. Plus qu'illustrateur, Géo Ham se révèle désormais peintre, peut-être inspiré par les méditations de Saint-Exupéry sur la solitude du pilote face aux éléments (*Vol de nuit* ; *Courrier sud*), ou de Paul Morand[8], qui, comme lui, chante les nouvelles valeurs plastiques de la modernité aérienne.

Dans un autre registre dont rendent compte l'ouvrage consacré à Mermoz et le reportage de 1932, c'est bien la figure du héros moderne à la volonté inébranlable qui est mise en scène. Pour exécuter sa « mission sacrée », il affronte les sables du Río del Oro et les Maures hostiles, prompts à capturer les pilotes dans un Maroc espagnol encore insoumis. « Mermoz enchaîné : prisonnier des Maures ou prisonnier de la montagne, mourant de soif dans le désert ou de faim dans la cordillère des Andes, n'est jamais découragé. » Ce courage déterminé, on le retrouve sur le visage du pilote qui devient un type d'homme au physique proche de celui du pilote de course. La représentation de Mermoz lors de la traversée du Pot-au-Noir pourrait ainsi être superposée à celle du *Pilote bleu*. Même mâchoire carrée, mêmes traits

Geo Ham used an identical composition, with a landscape structured around a powerful diagonal, to offer us a quite different sight of the Andes Mountains.
He contrasted the cold tones of the bluish shadows of the mountains with the warm hues arranged around the brown of the summits "turned pink by the dawn". Despite a more basic rendering, we also find this theme of opposition/ admiration towards the mountain in his *Mermoz*.
The luminous summits highlighted by the contrast between the sepia sky and the shadowy slopes form most of the scene, despite it being centred on the plane.
For *Guillaumet*, gouache gave Geo Ham an occasion to renew the subject in almost abstract form, where only a peg remains visible through the evocation of the blizzard. The white, pink-hued snow contrasts with a wall of blizzard, a mix of snow and threatening shadows in a gradation of greys and greens. Here Geo Ham showed that he was more than an illustrator; he was a veritable painter, possibly inspired by Saint-Exupéry's meditations on the solitude of the pilot up against the elements (*Night Flight; Southern Mail*) or by Paul Morand, who, like him, praised the new visual values of airborne modernity.[8]

In another register, which the work on Mermoz and the report of 1932 both portray, it is unquestionably the figure of the modern hero that is being depicted. To execute his "sacred mission", Geo Ham tackled the sands of the Rio del Oro and the hostile Moors, who were particularly swift to capture pilots in a Spanish Morocco still prone to rebellion.
"Mermoz in chains: prisoner of the Moors or prisoner of the mountain, dying of thirst in the desert or of hunger in the Andes Mountains, he is never discouraged."[9] This picture of determined courage is found on the pilot's face, where his physical traits become like Ham's portrayal of racing drivers. The representation of Mermoz crossing the doldrums could thus be interchangeable with the image of the *Pilote bleu*: the same square jaw, the same shadowy features, the same powerful hand in the foreground tightly

ombrés, même puissance dans la main au premier plan,
crispée sur le manche à balai comme sur le volant. « Voyez-le
à son poste de pilotage, dans un habitacle criblé de grêle
et de pluie, les traits du visage figés dans la volonté farouche
de sortir victorieux de ce combat corps à corps avec l'orage[9]… »

Les anges perdus :
un culte héroïque pour un temps de crise

Traumatisée par la Grande Guerre puis par la défaite brutale
de 1940, la France trouve dans ses héros un soutien,
un rappel des actes glorieux du passé et un exemple pour
la construction future du pays. Ainsi, au-delà des époques
et des clivages politiques, le culte du héros français permet
de créer, des années 1930 aux années 1950, un corps
de valeurs consensuelles. On exalte alors la transcendance
de la mission ; l'équilibre entre audace individuelle et esprit
collectif national ; fraternité dans l'adversité, respect
des hiérarchies et, surtout, un patriotisme intransigeant
assis sur l'esprit de sacrifice[10].

Ce corpus exploité dès l'avant-guerre est en grande partie
récupéré par les milieux maréchalistes. Dans le nouveau
panthéon proposé aux Français, Mermoz occupe plus que
jamais une place de choix. Cette place est bien sûr justifiée
par le caractère héroïque de son odyssée personnelle au
service de la France déjà mis à l'honneur par Joseph Kessel[11]
ou Saint-Exupéry[12]. Elle trouve un surcroît de légitimité dans
le parcours politique de l'homme qui adhère aux Croix-de-Feu
dès 1935 et à l'œuvre sociale du lieutenant-colonel de
La Rocque, puis fonde avec lui le Parti social français en 1936[13].
Ces soutiens politiques, contestés par Saint-Exupéry[14] qui
préfère la valeur « fraternité » à toute autre, lui vaudront
la sympathie des futurs milieux collaborationnistes
qui reprennent aux Croix-de-Feu le slogan « travail, famille,
patrie ». Géo Ham, illustrateur reconnu, va, au service
du nouveau régime, livrer une œuvre pour le moins ambiguë
bien que prolongeant ses reportages d'avant-guerre.

gripping the flight stick like a steering wheel. "See him
in his pilot's seat, in a cockpit hammered with rain and hail,
his features set, adamant to come out of this one-on-one
battle with the storm…."[10]

The Lost Angels: a Heroic Cult for Times of Crisis

France had been traumatised by the First World War,
then by its brutal defeat in 1940. In this context, its heroes
provided precious support, a reminder of the glorious deeds
of the past that stood as an example for the country's future
construction. From 1930 to the 1950s, the cult of the French
hero enabled the creation of a body of consensual values
beyond political divides and generations. The transcendence
of the mission praised the balance between individual boldness
and collective national spirit; fraternity in the face of adversity;
respect for hierarchies and, above all, intransigent patriotism
based on the spirit of sacrifice.[11]

This corpus, exploited even before the war, was largely
hijacked by Pétain supporters. Mermoz's place in the new
pantheon that was proposed to the French was greater
than ever. This was naturally justified by his heroic personal
odyssey at the service of France, which had already been
honoured by Joseph Kessel or Saint-Exupéry.[12] It found added
legitimacy in his political path, given that he joined the
Croix-de-Feu in 1935 and was a partisan of the social work
of Lieutenant-Colonel de la Roque, with whom he founded
the Parti Social Français in 1936.[13] This political support
—contested by Saint-Exupéry, who preferred the value
of "fraternity" above all others[14]—won him favour with
the future collaborationist circles that took over the Croix-de-
Feu's slogan: "work, family, homeland". As a well-known
illustrator, Geo Ham delivered work to the new regime that,
while clearly an extension of his pre-war reports,
was nonetheless ambiguous, to say the least.
An illustration of this is his work in association with Paluel-
Marmont, where he represented a pilot hero in action whose
principal quality, portrayed in both the image and the text,

Une œuvre illustrée bien sûr par le travail fait en association avec Paluel-Marmont. Il y représente un héros en action, nouveau chevalier du ciel[15] dont la principale qualité semble être, par l'image ou le texte, de ne jamais avoir à affronter d'Allemands, y compris pendant la Première Guerre mondiale, et de mourir en ne combattant que la nature ! Son portrait de profil à côté d'une carte de France (p. 1) ou dans le poste de pilotage (p. 19) préfigure, par ailleurs, les représentations de Guynemer[16] ou Saint-Exupéry, autres héros français. Une œuvre plus nouvelle également, par sa collaboration active comme conseiller sur le film *Mermoz*, qui devait être l'exemple du renouveau du grand cinéma d'aventure français au service de l'État[17]. Au-delà de la connaissance du sujet, l'écriture cinématographique de nombre d'articles de Géo Ham est ici à souligner[18] ; ce média ne pouvant que fasciner ce « chantre » du mouvement.

À la Libération, on saura se souvenir de l'artiste. On rééditera tout d'abord *Aviation de France* de René de Narbonne[19], œuvre de guerre, lui ajoutant un chapitre consacré aux « gardiens de la flamme » et une nouvelle préface. Géo Ham y représente Mermoz dans la cordillère des Andes. Mais ce n'est que dans l'ouvrage consacré à Henri Guillaumet[20] qu'il donne de nouveau la pleine mesure de son talent d'illustrateur. Il synthétise l'essentiel des thématiques patriotiques : pilote de profil en cockpit, affrontement avec la nature, les hommes morts en mer.

Il y ajoute aussi, comme dans ses représentations de la campagne de France, le thème de la chute de l'ange frappé en plein ciel. Une puissante diagonale structure un paysage où la guerre a de nouveau sa place. Au milieu des aéronefs et des navires anglais et italiens, toute l'attention est captée par la chute du lourd quadrimoteur Farman 2234. Le héros « tombé en pleine gloire » rejoint, a posteriori, par l'image, ses deux amis également disparus en mer : Mermoz et Saint-Exupéry[21], devenus gloires du nouveau panthéon républicain et exemples d'endurance,

seems to be to never have to fight the Germans (not even during the First World War) and to die by fighting only nature.[15] The portrait in profile beside a map of France (p. 1) or in the pilot's seat (p. 19), prefigured the representations of other French heroes, Guynemer or Saint-Exupéry.[16] This work was also fresher, due to his active collaboration as consultant on the film *Mermoz*, which was intended to exemplify the revival of great French adventure films at the service of the State.[17] Beyond Geo Ham's knowledge of the subject matter, it should also be stressed that the writing of many of his articles was highly cinematographic; the film media could hence not fail to fascinate this "exalter" of movement.[18]

At the Liberation, the artist was duly remembered. First came a new edition of René de Narbonne's war book, *Aviation de France*, with a new chapter on the "guardians of the flame" and a new preface.[19] In it, Geo Ham represented Mermoz in the Andes Mountains. But it was in Tessier's book on Henri Guillaumet that he once again showed the full extent of his talents as an illustrator.[20] Here he created a synthesis of the essential patriotic themes: the pilot in profile in the cockpit, the confrontation with nature, men lost at sea. He also added the theme of the fallen angel struck from the sky, seen in his representation of the French countryside. A powerful diagonal structures a landscape where war is once again in full fray. In the middle of the English and Italian aircraft and ships, the viewer's attention is captivated by the heavy four-engine Framan 2234 falling from the sky. Through the image, the hero "fallen in full glory" later joins his two other friends who were lost at sea: Mermoz and Saint-Exupéry.[21] These men, the glorious heroes of the new Republican pantheon, were paragons of endurance, devotion, drive, and intelligence—virtues that were reinstated through resistance to the Occupier.[22]

de dévouement, de volonté et d'intelligence[22] ; vertus réactualisées par la résistance à l'occupant.

1. Ouvrage collectif, avec le concours du MAE, *L'Aventure de l'Aéropostale et les premières lignes aériennes*, Hachette collections, Paris, 2005.

2. Numéro spécial aéronautique, *L'Illustration*, 17 novembre 1932, p. 379-387.

3. Point sur la concurrence dans les années 1930 : *L'Illustration*, 17 novembre 1934.

4. SAINT-EXUPÉRY, Antoine de, *Courrier sud*, Gallimard, Paris, 1929 ; *Vol de nuit*, Gallimard, Paris, 1931.

5. PALUEL-MARMONT, compositions de Géo Ham, *Mermoz*, coll. « Valeurs françaises », Colbert, Paris, 1944.

6. TESSIER, Roland, illustrations de Géo Ham, *Henri Guillaumet*, coll. « Les héros de l'air en images », Flammarion, Paris, 1947.

7. CASTEX, Louis, préface de Roland Dorgelès, illustrations de Géo Ham, *Mon tour du monde en avion*, éditions B. Sirven, Toulouse-Paris, 1943.

8. MORAND, Paul, *Chroniques*, Grasset, Paris, 2001.

9. PALUEL-MARMONT, *op. cit.*, p. 31.

10. Sur ce sujet difficile : GERVEREAU, Laurent, *Histoire du visuel au XXᵉ siècle*, « La France schizophrène », Seuil, 2003, p. 248-289.

11. KESSEL, Joseph, *Mermoz*, Gallimard, Paris, 1938.

12. SAINT-EXUPÉRY, Antoine de, *Terre des hommes*, Gallimard, Paris, 1939.

13. HEIMERMANN, Benoît, MARGOT, Olivier, *L'Aéropostale. La fabuleuse épopée de Mermoz, Saint-Exupéry, Guillaumet*, Arthaud, Paris, 1994, p. 121-125.

14. SAINT-EXUPÉRY, Antoine de, *Carnets*, Gallimard, Paris, 1999, p. 116.

15. PALUEL-MARMONT, *op. cit.*, p. 35 : « Vainqueur du désert et de la nuit, puis de la montagne et de l'océan, il est mort à son poste, en plein combat, en plein ciel, comme un pur chevalier de l'air. »

16. CHAMBRE, René, illustrations de Géo Ham, *Guynemer*, coll. « Cœurs de France », Marcus, Paris, 1949.

17. Sur ce sujet complexe et sur les liens entre cinéma et pouvoir, et sur le film *Mermoz* : CHÂTEAU, René, *Le Cinéma français sous l'Occupation, 1940-1944*, La Mémoire du cinéma français, Paris, 1995 ; BERTIN-MAGHIT, Jean-Pierre, *Le Cinéma français sous l'Occupation*, PUF, Paris, 1994.

18. On se reportera notamment à l'article consacré à la guerre d'Éthiopie, où l'attaque des avions italiens permet d'apprécier les différentes phases d'un piqué de manière très cinématographique, in « La guerre italo-éthiopienne », *L'Illustration*, numéro spécial, juillet 1936.

19. NARBONNE, René de, GAUJOUR, Robert, illustrations de Géo Ham, Albert Brenet, Lucien Cavé, Marcel Jeanjean, Paul Lengellé et Guy Michelet, *Aviation de France*, éditions Mirambeau, Lyon, Paris, 1944.

20. TESSIER, Roland, *op. cit.*

21. BRUCE, Jean, *Saint-Exupéry, pilote légendaire*, coll. « Captain W. E. Johns », Presses de la Cité, Paris, 1953.

22. ZORN, Y., *Mermoz-Guillaumet, pionniers de la ligne Atlantique sud*, coll. « Patrie, sois un homme ! », éditions Rouff, Paris, 1950.

1. *L'Aventure de l'Aéropostale et les premières lignes aériennes*, collective work with the aid of the MAE (Paris: Hachette collections, 2005).

2. *L'Illustration*, special aeronautical issue, 17 November 1932, pp. 379-387.

3. On competition in the 1930s: *L'Illustration*, 17 November 1934.

4. Antoine de Saint-Exupéry, *Courrier Sud* [Southern Mail], coll. "Valeurs françaises" (Paris: Colbert, 1944).

5. Paluel-Marmont, *Mermoz*, composition by Geo Ham, coll. "Valeurs françaises" (Paris: Colbert, 1944).

6. Roland Tessier, *Henri Guillaumet*, illustrations by Geo Ham, coll. "Les héros de l'air en images" (Paris: Flammarion, 1947).

7. Louis Castex, *Mon tour du monde en avion*, preface by Roland Dorgelès, illustrations by Geo Ham (Toulouse-Paris: Éditions B. Sirven, 1943).

8. Paul Morand, *Chroniques* (Paris: Grasset, 2001).

9. Paluel-Marmont, *Mermoz* (Paris: Colbert, 1944), p. 35

10. Paluel-Marmont, *op. cit.*, pp. 31.

11. On this tricky subject, see Laurent Gervereau, *Histoire du visuel au 20ème siècle*, "La France schizophrène" (Paris: Seuil, 2003) pp. 248-289.

12. Joseph Kessel, *Mermoz* (Paris: Gallimard, 1938); Antoine de Saint-Exupéry, *Terre des homes* (Paris: Gallimard, 1939).

13. Benoit Heimermann and Benoit Margot, *L'Aéropostale. La fabuleuse epopee de Mermoz, Saint-Exupéry, Gauillaumet,* (Paris: Arthaud, 1944) pp. 121-125.

14. Antoine de Saint-Exupéry, *Carnets* (Paris: Gallimard, 1999) p. 116.

15. Paluel-Marmont, *op. cit.*, p. 35: "Having vanquished the desert and the night, and then the mountain and the ocean, he died at his post, in mid-battle, in mid-air, like a true knight of the sky."

16. René Chambre, *Guynemer*, illustrations by Geo Ham, coll. "Coeurs de France" (Paris: Marcus, 1949).

17. On this complex subject and the links between film and power, and on the film *Mermoz*, see René Château, *Le Cinéma français sous l'Occupation, 1940-1944* (Paris: La Mémoire du cinema français, 1955); Jean-Pierre Bertin-Maghit, *Le Cinéma français sous l'Occupation* (Paris: PUF, 1944).

18. See, notably, the article devoted to the Second Italo-Ethiopian War, where the attack of the Italian planes enables readers to appreciate the different dive phases in a highly cinematographic manner, in "La guerre italo-éthiopienne", *L'Illustration*, special issue, July 1936.

19. René de Narbonne and Robert Gaujour, *Aviation de France*, illustrations by Geo Ham, Albert Brenet, Lucien Cavé, Marcel Jeanjean, Paul Lengellé and Guy Michelet (Lyon, Paris: Éditions Mirambeau, 1944).

20. Roland Tessier, *op. cit.*

21. Jean Bruce, *Saint-Exupéry, pilote légendaire*, coll. "Captain W. E. Johns" (Presses de la Cité, Paris, 1953).

22. Y. Zorn, *Mermoz-Guillaumet, pionniers de la ligne Atantique sud*, coll. "Patrie, sois un homme!" (Paris: Éditions Rouff, 1950).

Guillaumet prisonnier de la cordillère des Andes
in TESSIER, Roland, *Henri Guillaumet*, Flammarion, Paris, 1947, p. 36
in TESSIER, Roland, *Henri Guillaumet* (Paris: Flammarion, 1947), p. 36

Lieutenant de Vaisseau Paris, Latécoère 521
in TESSIER, *op. cit.*, p. 53
in TESSIER, *op. cit.*, p. 53

BIBLIOGRAPHIE

n. d. : non daté - s. t. : sans titre
* : classement chronologique

ÉCRITS SUR L'ARTISTE
Articles*
Auteur inconnu, s. t., *Automobiles classiques*, n° 47,
décembre 1991, p. 110-115.

POULAIN, Hervé, s. t., *Automobiles classiques*, décembre 1992,
p. 110-111.

Auteur inconnu, «Géo Ham, l'œil des 24 Heures»,
Maine découvertes, n° 1, juillet-août 1994, p. 65.

VASSAL, Jacques, «L'Ham de la course», *Auto passion*,
n° 95, août 1994, p. 24-27.

DEMORY, Jean-Claude, «Géo Ham, le culte de la vitesse»,
Auto rétro, n° 172, décembre 1994, p. 99-103.

DEMORY, Jean-Claude, «Géo Ham, un dandy dans la course»,
Auto rétro, n° 173, janvier 1995, p. 82-86.

BOUFLET, Bertrand, «Automobile et Art déco, Géo Ham, peintre,
aussi, de l'aviation», *Maine découvertes*, n° 17, juin-août 1998.

COLINET, Oscar, «Géo Ham, le prince du mouvement»,
Motos d'hier, n° 20, décembre 1999, p. 29-32.

BLOCK, M., KUEBEL, F., «Haute couture», *Oldtimer Markt*,
n° 1, 2003, p. 180-183.

BERNARD, Denis, «Géo Ham, le peintre de la vitesse»,
Automobile historique, n° 43, décembre 2004, p. 38-47.

BLANCHET, Gilles, «Géo Ham, artiste de la vitesse»,
Retro Passion, n° 174, avril 2005.

RÉFÉRENCES SUR L'AUTOMOBILE
Ouvrages et revues illustrés par Géo Ham*
Le premier reportage paraît dans *Automobilia*, n° 125,
31 juillet 1922, sur le sujet du Grand Prix de l'ACF à Strasbourg.
Puis, il participe à chacun des numéros.

Gala de l'automobile, 24 novembre 1955
menu
Menu

BIBLIOGRAPHY

n. d. : no date - n. t. : no title
* : in chronological order

WRITINGS ON THE ARTIST
Articles*
Unknown, n. t., *Automobiles classiques*, n° 47, December 1991,
pp. 110-115.

POULAIN, Hervé, n. t., *Automobiles classiques*, December 1992,
pp. 110-111.

Unknown, "Géo Ham, l'œil des 24 Heures", *Maine découvertes*,
n° 1, July-August 1994, p. 65.

VASSAL, Jacques, "L'Ham de la course", *Auto passion*, n° 95,
August 1994, pp. 24-27.

DEMORY, Jean-Claude, "Géo Ham, le culte de la vitesse",
Auto rétro, n° 172, December 1994, pp. 99-103.

DEMORY, Jean-Claude, "Géo Ham, un dandy dans la course",
Auto rétro, n° 173, January 1995, pp. 82-86.

BOUFLET, Bertrand, "Automobile et Art déco, Géo Ham, peintre,
aussi, de l'aviation", *Maine découvertes*, n° 17, June-August 1998.

COLINET, Oscar, "Géo Ham, le prince du mouvement",
Motos d'hier, n° 20, December 1999, pp. 29-32.

BLOCK, M., KUEBEL, F., "Haute couture", *Oldtimer Markt*,
n° 1, 2003, pp. 180-183.

BERNARD, Denis, "Géo Ham, le peintre de la vitesse",
Automobile historique, n° 43, December 2004, pp. 38-47.

BLANCHET, Gilles, "Géo Ham, artiste de la vitesse",
Retro Passion, n° 174, April 2005.

REFERENCES ON CARS
Journals and publications illustrated by Geo Ham*
The first report was published in *Automobilia*, n° 125, 31 July 1922,
on the ACF Grand Prix in Strasbourg. From then on he contributed
to every issue.

LABRIC, Roger, illustrations de Géo Ham, *Les 24 Heures du Mans*, Automobile-Club de l'Ouest, Le Mans, 1949.

GRÉGOIRE, Jean-Albert, illustrations de Géo Ham, *L'Aventure automobile*, Flammarion, Paris, 1953.

BERNARDET, Jean, FRAICHARD, Georges, illustrations de Géo Ham, *Cinquantenaire de l'ACO*, numéro spécial de la revue *Moteurs-courses*, 1956.

ROUSSEAU, Jacques, illustrations de Géo Ham, *Histoire mondiale de l'automobile*, Hachette, Paris, 1958.

YVELIN, Paul, illustrations de Géo Ham, *Cinquante ans de compétitions automobiles*, éditions La Publicité française, Paris, 1970.

LOSTE, Jacques, illustrations de Géo Ham et Pierre Rousseau, *L'Automobile, notre amie*, Maison Mame, Tours, n. d.

ART ET AUTOMOBILE
Ouvrages

BARTHES, Roland, *Mythologies*, coll. «Points», Seuil, Paris, 1970.

BERNS, Jörg Jochen, *Le Véhicule des dieux*, éditions Desjonquères, Paris, 2003.

BRUNHAMMER, Yvonne, *Les Salons de l'automobile et de l'aviation*, Institut français d'architecture, Norma, Paris, 1993.

DEJEAN, Philippe, *Carlo, Rembrandt, Ettore, Jean Bugatti*, éditions du Regard, Paris, 1981.

KOSTA, Alex, *Les Automobiles de Kosta Alex*, La Galerie, Paris, 1974.

PASCAL, Dominique, LESUEUR, Patrick, *L'Aventure du Salon de l'automobile*, Hachette collections, Paris, 2006.

PININFARINA, Sergio, *Figurini*, Automobilia, Milan, 1993.

POULAIN, Hervé, *L'Art et l'Automobile*, Les Clefs du Temps, Zoug, Suisse, 1973.

POULAIN, Hervé, *Mes Pop Cars*, éditions Apach, Waterloo, Belgique, 2006.

VITESSE
Ouvrages

DOMECQ, Jean-Philippe, *Sirènes, sirènes*, Seuil, Paris, 1985.

DOMECQ, Jean-Philippe, *Ce que nous dit la vitesse*, Quai Voltaire, Paris, 1994.

MORAND, Paul, *Chroniques*, Grasset, Paris, 2001.

LABRIC, Roger, *Les 24 Heures du Mans*, illustrations by Geo Ham (Le Mans: Automobile-Club de l'Ouest, 1949).

GRÉGOIRE, Jean-Albert, *L'Aventure automobile*, illustrations by Geo Ham (Paris: Flammarion, 1953).

BERNARDET, Jean and Georges FRAICHARD, *Cinquantenaire de l'ACO*, illustrations by Geo Ham, special issue of the journal *Moteurs-courses*, 1956.

ROUSSEAU, Jacques, *Histoire mondiale de l'automobile*, illustrations by Geo Ham (Paris: Hachette, 1958).

YVELIN, Paul, *Cinquante ans de compétitions automobiles*, illustrations by Geo Ham (Paris: Éditions La Publicité française, 1970).

LOSTE, Jacques, *L'Automobile, notre amie*, illustrations by Geo Ham and Pierre Rousseau (Tours: Maison Mame, n. d.).

ART AND AUTOMOBILES
Publications

BARTHES, Roland, *Mythologies*, coll. "Points" (Paris: Seuil, 1970).

BERNS, Jörg Jochen, *Le Véhicule des dieux* (Paris: Éditions Desjonquères, 2003).

BRUNHAMMER, Yvonne, *Les Salons de l'automobile et de l'aviation*, Institut français d'architecture (Paris: Norma, 1993).

DEJEAN, Philippe, *Carlo, Rembrandt, Ettore, Jean Bugatti* (Paris: Éditions du Regard, 1981).

KOSTA, Alex, *Les Automobiles de Kosta Alex* (Paris: La Galerie, 1974).

PASCAL, Dominique, and Patrick LESUEUR, *L'Aventure du Salon de l'automobile* (Paris: Hachette Collections, 2006).

PININFARINA, Sergio, *Figurini* (Milan: Automobilia, 1993).

POULAIN, Hervé, *L'Art et l'Automobile* (Zoug, Switzerland: Les Clefs du Temps, 1973).

POULAIN, Hervé, *Mes Pop Cars* (Waterloo, Belgium: Éditions Apach, 2006).

SPEED
Books

DOMECQ, Jean-Philippe, *Sirènes, sirens* (Paris: Seuil, 1985).

DOMECQ, Jean-Philippe, *Ce que nous dit la vitesse* (Paris: Quai Voltaire, 1994).

MORAND, Paul, *Chroniques* (Paris: Grasset, 2001).

MUYBRIDGE, Eadweard, *Animals in motion*, Dover Publication, New York, 1957.

VIRILIO, Paul, *Vitesse et politique*, Galilée, Paris, 1977.

Catalogues d'exposition

La Vitesse, Fondation Cartier, Flammarion, Paris, 1991.

ZURBORN, Wolfgang, *Au centre de la vitesse*, centre régional de la Photographie Nord-Pas-de-Calais, Lille, 1996.

FUTURISME
Manifestes*

MARINETTI, Filippo Tommaso, «Fondation et manifeste du futurisme», in HARRISON, Charles, WOOD, Paul, *Art en théorie 1900-1990*, Hazan, Paris, 1997, p. 179-183. Il parut dans le journal *Le Figaro*, le 20 février 1909.

BOCCIONI, Umberto, CARRÀ, Carlo, RUSSOLO, Luigi, BALLA, Giacomo, SEVERINI, Gino, «Manifeste de la peinture futuriste», in HARRISON, Charles, WOOD, Paul, *Art en théorie 1900-1990*, Hazan, Paris, 1997, p. 183-186. Il parut dans le journal *Poesia*, le 11 avril 1910.

Ouvrages

LISTA, Giovanni, *Futurisme, manifestes, proclamations, documents*, L'Âge d'Homme, Paris, 1973.

LISTA, Giovanni, *Luigi Russolo, l'art et les bruits*, Lausanne, 1975.

Catalogues d'exposition*

Les Peintres futuristes italiens. Boccioni, Carrà, Russolo, Balla et Severini, exposition à la galerie Bernheim-Jeune, Paris, 5-24 février 1912.

Le Futurisme, exposition au musée national d'Art moderne, Paris, 19 septembre-19 novembre 1973.

Italia Nova, une aventure de l'art italien, 1900-1950, exposition aux galeries nationales du Grand Palais, Paris, 5 avril-3 juillet 2006, éditions de la Réunion des musées nationaux.

RÉFÉRENCES SUR L'AÉROPOSTALE
Ouvrages illustrés par Géo Ham

PALUEL-MARMONT, compositions de Géo Ham, *Mermoz*, coll. «Valeurs françaises», éditions Colbert, Paris, 1944.

TESSIER, Roland, illustrations de Géo Ham, *Henri Guillaumet*, coll. «Les héros de l'air en images», Flammarion, Paris, 1947.

MUYBRIDGE, Eadweard, *Animals in motion* (New York: Dover Publication, 1957).

VIRILIO, Paul, *Vitesse et politique* (Paris: Galilée, 1977).

Exhibition and Catalogues

La Vitesse, Fondation Cartier, Paris, with Flammarion 1991.

ZURBORN, Wolfgang, *Au centre de la vitesse*, Centre régional de la Photographie Nord-Pas-de-Calais, Lille, 1996.

FUTURISM
Manifestos*

MARINETTI, Filippo Tommaso, "Fondation et manifeste du futurisme" in HARRISON, Charles and Paul WOOD, *Art en théorie 1900-1990* (Paris: Hazan, 1997), pp. 179-183. It was published in the newspaper *Le Figaro* on 20 February 1909.

BOCCIONI, Umberto, Carlo CARRÀ, Luigi RUSSOLO, Giacomo BALLA, and Gino SEVERINI, "Manifeste de la peinture futuriste" in HARRISON, Charles and Paul WOOD, *Art en théorie 1900-1990* (Paris: Hazan, 1997) pp. 183-186. It was published in the journal *Poesia* on 11 April 1910.

Publications

LISTA, Giovanni, *Futurisme, manifestes, proclamations, documents* (Paris: L'Âge d'Homme, 1973).

LISTA, Giovanni, *Luigi Russolo, l'art et les bruits* (Lausanne: L'Âge d'Homme, 1975).

Exhibition Catalogues*

"Les Peintres futuristes italiens. Boccioni, Carrà, Russolo, Balla et Severini", exhibition at the Galerie Bernheim-Jeune, Paris, 5-24 February 1912.

"Le Futurisme", exhibition at the Musée National d'Art Moderne, Paris, 19 September-19 November 1973.

"Italia Nova, une aventure de l'art italien 1900-1950", exhibition at the Galeries Nationales du Grand Palais, Paris, 5 April-3 July 2006 (Éditions de la Réunion des musées nationaux).

AEROPOSTALE REFERENCES
Books Illustrated by Geo Ham

PALUEL-MARMONT, *Mermoz*, compositions by Geo Ham, coll. "Valeurs françaises" (Paris: Éditions Colbert, 1944).

Reportages pour la revue L'Illustration*

Numéro spécial de l'*Illustration* du 13 décembre 1924.

« L'Histoire de l'aéronautique », numéro spécial de *L'Illustration*, 1932.

Auteur inconnu, « L'avant-dernier voyage de l'*Aéropostale II*», *L'Illustration*, n° 4669, 27 août 1932.

Numéro spécial de l'*Illustration* du 17 novembre 1934.

Ouvrages généraux

HEIMERMANN, Benoît, MARGOT, Olivier, *L'Aéropostale. La fabuleuse épopée de Mermoz, Saint-Exupéry, Guillaumet*, Arthaud, Paris, 1994.

KESSEL, Joseph, *Mermoz*, Gallimard, Paris, 1938.

MIGEO, Marcel, *Henri Guillaumet*, Arthaud, Paris, 1949.

SAINT-EXUPÉRY, Antoine de, *Courrier sud*, Gallimard, Paris, 1929.

SAINT-EXUPÉRY, Antoine de, *Vol de nuit*, Gallimard, Paris, 1931.

SAINT-EXUPÉRY, Antoine de, *Terre des hommes*, Gallimard, Paris, 1939.

Ouvrage collectif, avec le concours du MAE, *L'Aventure de l'Aéropostale et les premières lignes aériennes*, Hachette collections, Paris, 2005.

RÉFÉRENCES SUR L'AVIATION
Ouvrages illustrés par Géo Ham*

GURDON, J.-E., *Service aérien, Le Looping de la mort, La Farce du chat, Les messieurs volent*, La Petite Illustration, Paris, 1934.

MORTANE, Jacques, illustrations de Géo Ham, *Les Grands Raids d'aviation*, Maison Mame, Tours, 1936.

DURET, Jean-Pierre, préface de Joseph Kessel, illustrations de Géo Ham, *PSV Pilotage sans visibilité*, éditions Plon, Paris, 1938.

CASTEX, Louis, préface de Roland Dorgelès, illustrations de Géo Ham, *Mon tour du monde en avion*, éditions B. Sirven, Toulouse-Paris, 1943.

MIGEO, Marcel, illustrations de Géo Ham, *Batailles dans le ciel*, éditions Colbert, Paris, 1943.

NARBONNE, René de, GAUJOUR, Robert, illustrations de Géo Ham, Albert Brenet, Lucien Cavé, Marcel Jeanjean, Paul Lengellé et Guy Michelet, *Aviation de France*, éditions Mirambeau, Lyon, Paris, 1944.

TESSIER, Roland, *Henri Guillaumet*, illustrations by Geo Ham, coll. "Les héros de l'air en images" (Paris: Flammarion, 1947).

Reports for the Journal L'Illustration*

"L'Histoire de l'aéronautique", special issue of *L'Illustration*, 1932.

Unknown, "L'avant-dernier voyage de l'*Aéropostale II*", *L'Illustration* n° 4669, 27 August 1932.

Special issue of *L'Illustration*, 13 December 1924.

Special issue of *L'Illustration*, 17 November 1934.

General Works

HEIMERMANN, Benoît and Olivier MARGOT, *L'Aéropostale. La fabuleuse épopée de Mermoz, Saint-Exupéry, Guillaumet* (Paris: Arthaud, 1994).

KESSEL, Joseph, *Mermoz* (Paris: Gallimard, 1938).

MIGEO, Marcel, *Henri Guillaumet* (Paris: Arthaud, 1949).

SAINT-EXUPÉRY, Antoine de, *Courrier sud* (Paris: Gallimard, 1929).

SAINT-EXUPÉRY, Antoine de, *Vol de nuit* (Paris: Gallimard, 1931).

SAINT-EXUPÉRY, Antoine de, *Terre des hommes* (Paris: Gallimard, 1939).

Collective work with the aid of the MAE, *L'Aventure de l'Aéropostale et les premières lignes aériennes* (Paris: Hachette Collections, 2005).

AVIATION REFERENCES
Books Illustrated by Geo Ham*

GURDON, J.-E., *Service aérien, Le Looping de la mort, La Farce du chat, Les messieurs volent* (Paris: La Petite Illustration, 1934).

MORTANE, Jacques, *Les Grands Raids d'aviation*, illustrations by Geo Ham (Tours: Maison Mame, 1936).

DURET, Jean-Pierre, *PSV Pilotage sans visibilité*, preface by Joseph Kessel, illustrations by Geo Ham (Paris: Éditions Plon, 1938).

CASTEX, Louis, *Mon tour du monde en avion*, preface by Roland Dorgelès, illustrations by Geo Ham (Paris-Toulouse: Éditions B. Sirven, 1943).

MIGEO, Marcel, *Batailles dans le ciel*, illustrations by Geo Ham (Paris: Éditions Colbert, 1943).

NARBONNE, René de and Robert GAUJOUR, *Aviation de France*, illustrations by Geo Ham, Albert Brenet,

CHAMBRE, René, illustrations de Géo Ham, *Guynemer*,
coll. «Cœurs de France», Marcus, Paris, 1949.
Romans: BRUCE, Jean, *Saint-Exupéry, pilote légendaire*,
coll. «Captain W. E. Johns», Presses de la Cité, Paris, 1953.
Biggles en Corée, Presses de la Cité, Paris, 1953.
Biggles et l'Éléphant noir, Presses de la Cité, Paris, 1953.
Biggles espion de l'air, Presses de la Cité, Paris, 1953.
Biggles chez l'ennemi, Presses de la Cité, Paris, 1953.
Biggles combattant du ciel, Presses de la Cité, Paris, 1953.
King et ses brigands, Presses de la Cité, Paris, 1953.
En parachute, Presses de la Cité, Paris, 1953.

RÉFÉRENCES SUR LES REPORTAGES DE GUERRE
Revues illustrées par Géo Ham
«La guerre italo-éthiopienne», numéro spécial de *L'Illustration*,
juillet 1936.
Il illustre également les numéros de 1937, 1938, 1939, 1940 et 1941.
Ouvrages généraux
Général CADILHAC, «La guerre motorisée par le général Duval»,
L'Illustration, 5 octobre 1938.
COMTE, Bernard, *Une utopie combattante. L'école des cadres
d'Uriage, 1940-1942*, Fayard, Paris, 1991.
JOUINEAU, André, BREFFORT, Dominique, *Avions et pilotes.
L'aviation française de 1939 à 1942. Chasse, bombardement,
reconnaissance et observation*, Histoire et collections, Paris, 2005.
MARCHANDIAU, Jean-Noël, *L'Illustration (1843-1944), vie et
mort d'un journal*, Bibliothèque historique Privat, Paris, 1987.
MICHAUD, Éric, *Un art de l'éternité. L'image et le temps
du national-socialisme*, Gallimard, Paris, 1996.
MONFREID, Henri de, *Vers les terres hostiles de l'Éthiopie*,
Grasset, Paris, 1933.
MONFREID, Henri de, *Le Drame éthiopien*, Grasset, Paris, 1935.
Colloque *Pour une histoire critique et citoyenne*: LABANCA,
Nicola, «Un autre colonialisme? Les historiens italiens et
le poids de l'idéologie coloniale», trad. Gilbert Meynier, Lyon,
20-22 juin 2006.

Lucien Cavé, Marcel Jeanjean, Paul Lengellé and Guy Michelet
(Paris, Lyon: Éditions Mirambeau, 1944).
CHAMBRE, René, *Guynemer*, illustrations by Geo Ham
coll. "Cœurs de France" (Paris: Marcus, 1949).
Novels: BRUCE, Jean, *Sainte-Exupéry, pilote légendaire*,
coll. "Captain W. E. Johns" (Paris: Presses de la Cité, 1953).
Biggles en Corée (Paris: Presses de la Cité, 1953).
Biggles et l'Éléphant noir (Paris: Presses de la Cité, 1953).
Biggles espion de l'air (Paris: Presses de la Cité, 1953).
Biggles chez l'ennemi (Paris: Presses de la Cité, 1953).
Biggles combattant du ciel (Paris: Presses de la Cité, 1953).
King et ses brigands (Paris: Presses de la Cité, 1953).
En parachute (Paris: Presses de la Cité, 1953).

WAR REPORT REFERENCES
Journals Illustrated by Geo Ham
"La guerre italo-éthiopienne", special issue of *L'Illustration*, July
1936. He also illustrated the issues of 1937, 1938, 1939, 1940,
and 1941.
General Works
General CADILHAC, "La guerre motorisée par le général Duval",
L'Illustration, 5 October 1938.
COMTE, Bernard, *Une utopie combattante. L'école des cadres
d'Uriage, 1940-1942* (Paris: Fayard, 1991).
JOUINEAU, André and Dominique BREFFORT, *Avions et pilotes.
L'aviation française de 1939 à 1942. Chasse, bombardement,
reconnaissance et observation* (Paris: Histoire et collections, 2005).
MARCHANDIAU, Jean-Noël, *L'Illustration (1843-1944), vie et
mort d'un journal* (Paris: Bibliothèque historique Privat, 1987).
MICHAUD, Éric, *Un art de l'éternité. L'image et le temps du
national-socialisme* (Paris: Gallimard, 1996).
MONFREID, Henri de, *Vers les terres hostiles de l'Éthiopie* (Paris:
Grasset, 1933).
MONFREID, Henri de, *Le Drame éthiopien* (Paris: Grasset, 1935).
Colloquium *Pour une histoire critique et citoyenne*: LABANCA,
Nicola, "Un autre colonialisme? Les historiens italiens et le poids de
l'idéologie coloniale", translated into French by Gilbert Meynier,
Lyon, 20-22 June 2006.

Autoportrait
n. d. (vers 1925), dessin rehaussé à la gouache
n. d. (circa 1925), Drawing highlighted with gouache

CATALOGUE DES ŒUVRES EXPOSÉES
CATALOGUE OF EXHIBITED WORKS

Course auto-avion
n. d. (vers 1918-1919), gouache et encre de Chine
n. d. (circa 1918-1919), Gouache and Indian ink

Duel train contre auto
n. d. (vers 1935), gouache
n. d. (circa 1935), Gouache

Duel auto contre avion
n. d. (vers 1934), photogravure rehaussée à la gouache
n. d. (circa 1934), Photoengraving highlighted with gouache

Duel de vitesse
n. d. (vers 1930), technique mixte sur bois
n. d. (circa 1930), Mixed technique on wood

Étude de vitesse
n. d. (vers 1930), gouache sur papier et dessin sur calque
n. d. (circa 1930), Gouache on paper and drawing on tracing paper

Maserati au Grand Prix de Pau, 1954
n. d., gouache
n. d., Gouache

Les 24 Heures du Mans, 1955
affiche
Poster

Grand Prix de Reims, 1947
affiche
Poster

Grand Prix de l'ACF à Reims, 1954
affiche
Poster

Grand Prix de France, championnat du monde motocycliste à Reims, 1954
affiche
Poster

12 Heures internationales de Reims, 1955
affiche
Poster

Les 24 Heures du Mans, 1951
programme
Programme

Les 24 Heures du Mans, 1952
programme
Programme

POUR LES **24 HEURES**

Préparez vos chronomètres

***Rallye gastronomique,* 1950**
dépliant
Leaflet

Les 24 Heures du Mans
journal *Ouest-France*, 1959
Ouest-France newspaper, 1959

Les 24 Heures du Mans
journal *Ouest-France*, 23-24 juin 1951
Ouest-France newspaper, 23-24 June 1951

Les 24 Heures du Mans
journal *Ouest-France*, 11-12 juin 1955
Ouest-France newspaper, 11-12 June 1955

Within the image: TALBOT LAGO / gagne les 24 Heures du Mans 1950 / Geo Ham.

Talbot Lago gagne les 24 Heures du Mans en 1950
lithographie
Lithography

Bugatti au cap d'Antibes, 1928
lithographie
Lithography

Louis-René Thomas, vainqueur de la course du mont Ventoux en 1922, sur Delage Torpille
n. d. (vers 1955-1956), gouache
n. d. (circa 1955-1956), Gouache

Grand Prix de Tours, 1923
n. d., gouache rehaussée à l'aquarelle
n. d., Gouache highlighted with watercolours

Les 24 Heures du Mans, 1933
gouache
Gouache

24 Heures du MANS 1954

Les 24 Heures du Mans, 1954
n. d., lithographie
n. d., Lithography

Rallye de Monte-Carlo, 1951
lithographie
Lithography

Simca Aronde en dérapage dans un virage, 1953
dessin et aquarelle
Drawing and watercolour

Passerelle à la courbe Dunlop sur le circuit du Mans
n. d. (vers 1930), dessin
n. d. (circa 1930), Drawing

Départ des 24 Heures du Mans
n. d. (vers 1939), dessin
n. d. (circa 1939), Drawing

Ravitaillement de la Talbot Lago victorieuse des 24 Heures du Mans en 1950
n.d. (vers 1950), dessin
n.d. (circa 1950), Drawing

Voiture Frazer-Nash pilotée par Pat Fairfield, **1937**
dessin au crayon bleu
Blue pencil drawing

Virage au Mans, Jaguar type C
n. d. (vers 1952), dessin
n. d. (circa 1952), Drawing

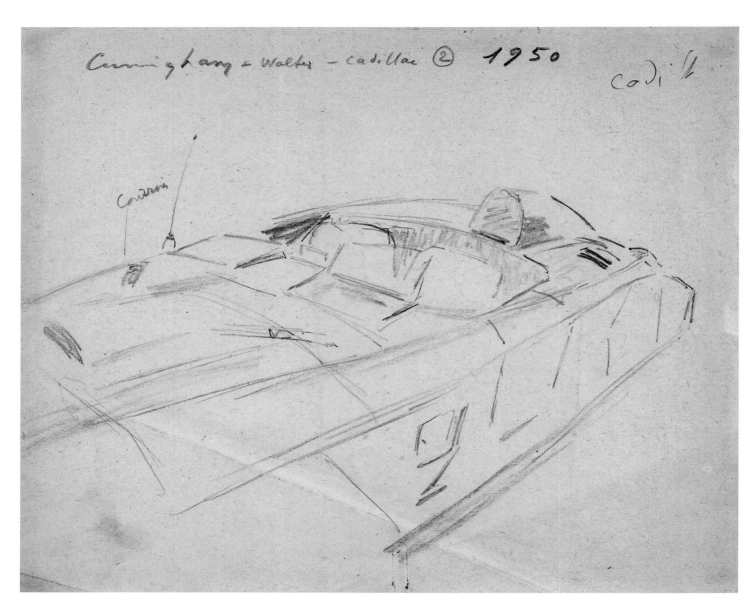

« Le Monstre », Tank Cadillac Cunningham, 24 Heures du Mans, 1950
dessin
Drawing

Peugeot Grand Prix de l'ACF en 1913
n. d., dessin
n. d., Drawing

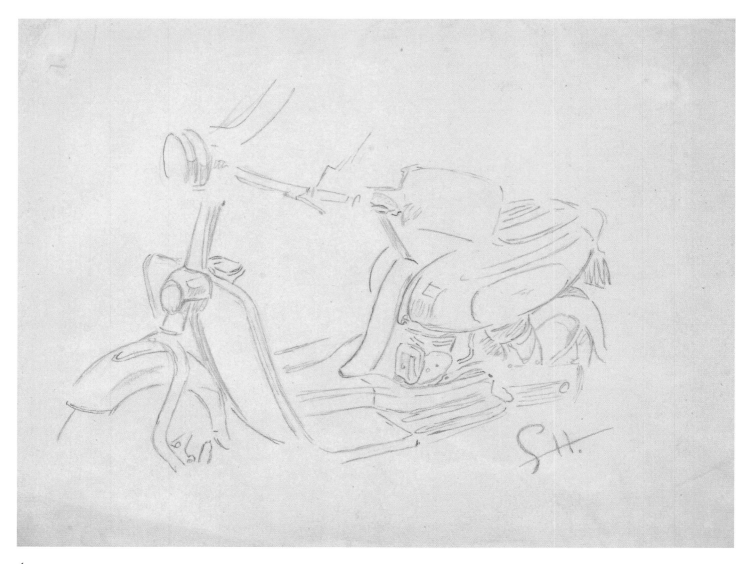

Étude pour le scooter Moby de Motobécane
n. d., dessin
n. d., Drawing

Quatre études d'automobiles
n. d., dessin
n. d., Drawing

Voiture ancienne et voiture de course
n. d., dessin
n. d., Drawing

Bolide bleu
n. d. (vers 1938), gouache
n. d. (circa 1938), Gouache

Étoile filante, 1956,
lithographie
Lithography

L'Homme le plus vite du monde au sol : Malcolm Campbell, 1928
dessin rehaussé à la gouache
Drawing highlighted in gouache

Record du monde des 48 Heures à Montlhéry en mars 1934

lithographie
Lithography

Deux motards en course
n. d., lithographie
n. d., Lithography

Couple à moto
n. d., lithographie
n. d., Lithography

Motard à Arpajon
n. d., lithographie
n. d., Lithography

Station-service de jour
n. d. (vers 1930), aquarelle et gouache
n. d. (circa 1930), Watercolour and gouache

Station-service de nuit
n. d. (vers 1930), aquarelle et gouache
n. d. (circa 1930), Watercolour and gouache

Exposition internationale des Arts et Techniques, Paris, 1937, pavillon Roumanie-Hongrie
n. d., aquarelle
n. d., Watercolour

Rallye international gastronomique 9-19 juin 1950, **1950**
gouache
Gouache

Exposition internationale des Arts et Techniques, Paris 1937
n. d., lithographie
n. d., Lithography

Darl'mat de nuit en Bourgogne
n. d. (vers 1938-1939), gouache et aquarelle
n. d. (circa 1938-1939), Gouache and watercolour

Jules Goux
n. d. (vers 1970), dessin
n. d. (circa 1970), Drawing

Jean-Pierre Wimille
n. d. (vers 1947-1948), gouache
n. d. (circa 1947-1948), Gouache

a. Gordini

Amédée Gordini
n. d. (vers 1935), dessin
n. d. (circa 1935), Drawing

Bugatti, aviateur et aviatrice
n. d. (vers 1930), dessins recto verso
n. d. (circa 1930), Double-sided drawings

José Scaron
n. d. (vers 1947), dessin
n. d. (circa 1947), Drawing

Paul Vallée
n. d. (vers 1948), dessin
n. d. (circa 1948), Drawing

Charles de Cortanze
n. d., dessin
n. d., Drawing

Caricature du pilote Scaron
n. d. (vers 1947), dessin sur calque
n. d. (circa 1947), Drawing on tracing paper

6ᵉ Fête aérienne, Vincennes, **1934**
affiche
Poster

Fête de l'air, Villacoublay, 1937
affiche
Poster

Fête de l'air, Villacoublay, 1938
affiche
Poster

Avion Caudron Goéland
n. d., dessin sur calque
n. d., Drawing on tracing paper

Trimoteur Air Océan
n. d., gouache
n. d., Gouache

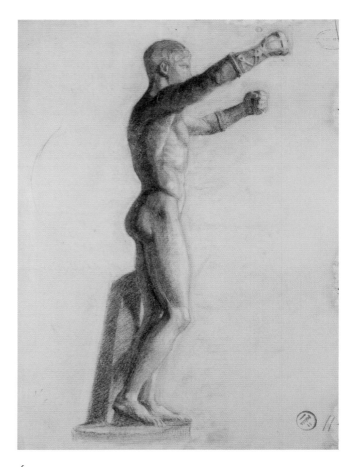

Étude (d'après l'Aurige de Delphes ?)
n. d., dessin
n. d., Drawing

Tête d'homme
n. d., dessin
n. d., Drawing

Le Colisée

Le Colisée, 1920,
programme du théâtre
Theatre programme

Gala de l'automobile, 26 novembre 1954, menu
Menu for the Gala de l'Automobile, 26 November 1954

CATALOGUE DES ŒUVRES

Classement fondé à partir de la date de réalisation de l'œuvre.

COURSES

Courses, divers

Course auto-avion
Non daté (vers 1918-1919)
Gouache et encre de Chine
17 x 25 cm
Collection particulière

Grand Prix de l'ACF, Strasbourg
1922
Fac-similé du magazine *Automobilia*,
n° 125, 31 juillet 1922
21 x 29,7 cm
Collection particulière

Calandre de voiture Piccard Pictet
Non daté (vers 1925)
Dessin
16 x 11,5 cm
Collection particulière

L'Homme le plus vite du monde au sol: Malcolm Campbell
1928
Dessin rehaussé à la gouache
58 x 26 cm
Collection particulière

Bugatti au cap d'Antibes
1928
Lithographie
38,5 x 56,7 cm
Collection des Musées de Laval

« L'automobile et le tourisme »
1928
Numéro spécial du magazine
L'Illustration
31,5 x 30,2 cm
Collection des Musées de Laval

Grand Prix de Tours, 1929
Non daté
Gouache rehaussée à l'aquarelle
50 x 58 cm (avec encadrement)
Collection particulière

Salon de l'automobile
1930
Fac-similé du magazine *Automobilia*,
n° 321, 1930
Collection particulière

Une Amilcar en essai à Montlhéry
Non daté (vers 1930)
Lithographie
56 x 40 cm
Collection particulière

Étude de vitesse
Non daté (vers 1930)
Gouache sur papier et dessin sur calque
21 x 30 cm et 34 x 46 cm
Collection particulière

Duel de vitesse
Non daté (vers 1930)
Technique mixte sur bois
200 x 202 cm
Collection particulière

Station-service de jour
Non daté (vers 1930)
Aquarelle et gouache
49 x 63 cm (avec encadrement)
Collection particulière

Station-service de nuit
Non daté (vers 1930)
Aquarelle et gouache
49 x 63 cm (avec encadrement)
Collection particulière

Duel auto contre avion
Non daté (vers 1934)
Photogravure rehaussée à la gouache
32,5 x 40 cm (avec encadrement)
Collection particulière

Record du monde des 48 Heures à Montlhéry en mars 1934
1934
Lithographie
77 x 55 cm
Collection particulière

Duel train contre auto
Non daté (vers 1935)
Gouache
56 x 70 cm (avec encadrement)
Collection particulière

Le Pilote bleu
1939
Gouache
45 x 41 cm (avec encadrement)
Collection particulière

Bolide bleu
Non daté (vers 1938)
Gouache
13 x 18 cm
Collection particulière

Darl'mat de nuit en Bourgogne
Non daté (vers 1938-1939)
Gouache et aquarelle
70 x 42 cm (avec encadrement)
Collection particulière

CATALOGUE OF WORK

Listed in order of date of creation
n. d.: no date

RACES

Races, Miscellaneous

Course auto-avion
n. d. (circa 1918-1919)
Gouache and Indian ink
17 x 25 cm
Private collection

Grand Prix de l'ACF, Strasbourg, 1922
Facsimile of the magazine
Automobilia, n° 125, 31 July 1922
21 x 29.7 cm
Private collection

Calandre de voiture Piccard Pictet
n. d. (circa 1925)
Drawing
16 x 11.5 cm
Private collection

L'Homme le plus vite du monde au sol: Malcolm Campbell
1928
Pencil drawing highlighted in gouache
58 x 26 cm
Private collection

Bugatti au cap d'Antibes
1928
Lithography
38.5 x 56.7 cm
Musées de Laval

Special issue "L'automobile et le tourisme", 1928
L'Illustration magazine
31.5 x 30.2 cm
Musées de Laval

Grand Prix de Tours, 1929
n. d.
Gouache highlighted with watercolours
50 x 58 cm (with frame)
Private collection

Salon de l'automobile, 1930
Facsimile of the magazine
Automobilia, n° 321
Private collection

Une Amilcar en essai à Montlhéry
n. d. (circa 1930)
Lithography
56 x 40 cm
Private collection

Étude de vitesse
n. d. (circa 1930)
Gouache on paper, 21 x 30 cm, and
drawing on tracing paper, 34 x 46 cm
Private collection

Duel de vitesse
n. d. (circa 1930)
Mixed technique on wood
200 x 202 cm
Private collection

Station service de jour
n. d. (circa 1930)
Watercolour and gouache
49 x 63 cm (with frame)
Private collection

Station service de nuit
n. d. (circa 1930)
Watercolour and gouache
49 x 63 cm (with frame)
Private collection

Duel auto contre avion
n. d. (circa 1934)
Photoengraving highlighted
with gouache
32.5 x 40 cm (with frame)
Private collection

Record du monde des 48 Heures à Montlhéry en mars 1934
1934
Lithography
77 x 55 cm
Private collection

Duel train contre auto
n. d. (circa 1935)
Gouache
56 x 70 cm (with frame)
Private collection

Le Pilote bleu
1939
Gouache
45 x 41 cm (with frame)
Private collection

Bolide bleu
n. d. (circa 1938)
Gouache
13 x 18 cm
Private collection

Course, Reims ?
1948
Lithographie
60 x 80 cm (avec encadrement)
Collection particulière

Circuit de Charade
Non daté (années 1950)
Série de dessins
20 x 21 cm
Collection particulière

Le Damier
Non daté (vers 1950)
Dessin
35,5 x 43,5 cm (avec encadrement)
Collection particulière

Rallye de Monte-Carlo
1951
Lithographie
62 x 46 cm
Collection particulière

100 voitures en course
1952
Affiche
80 x 59 cm
Collection particulière

Simca Aronde en dérapage
dans un virage
1953
Dessin et aquarelle
31 x 41 cm (avec encadrement)
Collection particulière

Maserati au Grand Prix de Pau, 1954
Non daté
Gouache
41,5 x 30,5 cm
Collection particulière

Louis-René Thomas, vainqueur
de la course du mont Ventoux
en 1922, sur Delage Torpille
Non daté (vers 1955-1956)
Gouache
43 x 36 cm
Collection particulière

Étoile filante
1956
Lithographie
45 x 69,5 cm
Collection particulière

Artificiose machine del capitano
Agostino Ramelli
Non daté (vers 1957)
Dessins sur papier et sur calque
34 x 50 cm
Collection particulière

Peugeot Grand Prix de l'ACF
Non daté (vers 1970)
Dessin
28 x 63 cm
Collection particulière

Duel auto contre avion
Non daté
Dessin
18 x 14 cm
Collection particulière

Mercedes du Grand Prix, 1913
Non daté
Dessin
16 x 25 cm
Collection particulière

Voitures de rallye
Non daté
Dessins
45 x 25 cm
Collection particulière

Bugatti
Non daté
Dessin
45 x 35 cm (avec encadrement)
Collection particulière

Tank Bugatti type 57S
Non daté
Dessin
30 x 22 cm
Collection particulière

Mercedes
Non daté
Dessin
14 x 22 cm
Collection particulière

Maserati
Non daté
Dessin
20 x 22 cm
Collection particulière

Gordini
Non daté
Dessin
45 x 35 cm (avec encadrement)
Collection particulière

Étude pour le scooter Moby
de Motobécane
Non daté
Dessin
30 x 50 cm (avec encadrement)
Collection particulière

Quatre études d'automobiles
Non daté
Dessins
51 x 44 cm (avec encadrement)
Collection particulière

Croix avec casque et lunettes
Non daté
Dessin
44,5 x 46,5 cm (avec encadrement)
Collection particulière

Voiture ancienne et voiture
de course
Non daté
Dessin
46 x 59 cm (avec encadrement)
Collection particulière

Salon de l'auto
Projet de couverture pour la revue
Englebert
Non daté
Gouache
40 x 29 cm
Collection particulière

Darl'mat de nuit, en Bourgogne
n. d. (circa 1938-1939)
Gouache and watercolour
70 x 42 cm (with frame)
Private collection

Course, Reims?
1948
Lithography
60 x 80 cm (with frame)
Private collection

Circuit de Charade
n. d. (1950s)
Series of drawings
20 x 21 cm
Private collection

Le Damier
n. d. (circa 1950)
Drawing
35.5 x 43.5 cm (with frame)
Private collection

Rallye de Monte-Carlo
1951
Lithography
62 x 46 cm
Private collection

100 voitures en course
1952
Poster
80 x 59 cm
Private collection

Simca Aronde en dérapage
dans un virage
1953
Drawing on tracing paper and
watercolour
31 x 41 cm (with frame)
Private collection

Maserati au Grand Prix de Pau, 1954
n. d.
Gouache
41.5 x 30.5 cm
Private collection

Louis-René Thomas, vainqueur
de la course du mont Ventoux
en 1922, sur Delage Torpille
n. d. (circa 1955-1956)
Gouache
43 x 36 cm
Private collection

Étoile filante
1956
Lithography
45 x 69.5 cm
Private collection

Artificiose machine del capitano
Agostino Ramelli
n. d. (circa 1957)
Drawings on paper and tracing paper,
Indian ink
34 x 50 cm
Private collection

Peugeot Grand Prix de l'ACF
n. d. (circa 1970)
Drawing
28 x 63 cm
Private collection

Duel auto contre avion
n. d.
Drawing
18 x 14 cm
Private collection

Mercedes du Grand Prix de 1913
n. d.
Drawing
16 x 25 cm
Private collection

Voitures de rallye
n. d.
Drawings
45 x 25 cm
Private collection

Bugatti
n. d.
Drawing
45 x 35 cm (with frame)
Private collection

Tank Bugatti Type 57S
n. d.
Two drawings
30 x 22 cm
Private collection

Mercedes
n. d.
Drawing
14 x 22 cm
Private collection

Maserati
n. d.
Drawing
20 x 22 cm
Private collection

Gordini
n. d.
Drawing
45 x 35 cm (with frame)
Private collection

Étude pour le scooter Moby
de Motobécane
n. d.
Drawing
30 x 50 cm (with frame)
Private collection

Quatre études d'automobiles
n. d.
Drawing
51 x 44 cm (with frame)
Private collection

Croix avec casque et lunettes
n. d.
Drawing
44.5 x 46.5 cm (with frame)
Private collection

Le Casque rouge
Non daté
Lithographie
45 x 64,7 cm
Collection des Musées de Laval

Le Casque bleu
Non daté
Lithographie
45 x 64,7 cm
Collection des Musées de Laval

Couple à moto
Non daté
Lithographie
40 x 60 cm
Collection particulière

Deux motards en course
Non daté
Lithographie
40 x 60 cm
Collection particulière

Motard à Arpajon
Non daté
Lithographie
45 x 64,7 cm
Collection des Musées de Laval

**Les 24 Heures du Mans
(œuvres et affiches)**
*Passerelle à la courbe Dunlop
sur le circuit du Mans*
Non daté (vers 1930)
Dessin
20 x 18 cm
Collection particulière

Les 24 Heures du Mans
1933
Gouache
53 x 46 cm (avec encadrement)
Collection particulière

Départ des 24 Heures du Mans
Non daté (vers 1939)
Dessin
18,5 x 33 cm
Collection particulière

Vue nocturne des stands, 1923
Non daté (vers 1949)
Aquarelle publiée dans l'ouvrage
de Roger Labric, *Les 24 Heures du
Mans*, Automobile-Club de l'Ouest,
Le Mans, 1949, p. 102
Collection de l'ACO

Les 24 Heures du Mans, 1923
Non daté (vers 1949)
Aquarelle publiée dans l'ouvrage
de Roger Labric, p. 97
65 x 53 cm
Collection particulière

*Passage devant les tribunes
des Hunaudières, 1925*
Non daté (vers 1949)
Aquarelle publiée dans l'ouvrage
de Roger Labric, p. 119
Collection de l'ACO

*La Disqualification du pilote
Boileau, 1926*
Non daté (vers 1949)
Aquarelle publiée dans l'ouvrage
de Roger Labric, p. 127
Collection de l'ACO

Abandon des pilotes épuisés, 1927
Non daté (vers 1949)
Aquarelle publiée dans l'ouvrage
de Roger Labric, p. 146
Collection de l'ACO

Virage de Mulsanne, 1928
Non daté (vers 1949)
Aquarelle publiée dans l'ouvrage
de Roger Labric, p. 151
Collection de l'ACO

Stands de ravitaillement, 1931
Non daté (vers 1949)
Aquarelle publiée dans l'ouvrage
de Roger Labric, p. 186
Collection de l'ACO

Accident dans les bois, 1933
Non daté (vers 1949)
Aquarelle publiée dans l'ouvrage
de Roger Labric, p. 207
Collection de l'ACO

Messe, 1933
Non daté (vers 1949)
Aquarelle publiée dans l'ouvrage
de Roger Labric, p. 200
Collection de l'ACO

Vue d'un camping aménagé, 1934
Non daté (vers 1949)
Aquarelle publiée dans l'ouvrage
de Roger Labric, p. 252
Collection de l'ACO

*Place de la République,
Le Mans, 1939*
Non daté (vers 1949)
Aquarelle publiée dans l'ouvrage
de Roger Labric, p. 31
Collection de l'ACO

Bugatti Delage gagnante, 1939
Non daté (vers 1949)
Aquarelle publiée dans l'ouvrage
de Roger Labric, p. 267
Collection de l'ACO

Pilotes
Non daté (vers 1949)
Aquarelle publiée dans l'ouvrage
de Roger Labric, p. 335
Collection de l'ACO

Les Accessoires du champion
Non daté (vers 1949)
Aquarelle publiée dans l'ouvrage
de Roger Labric, p. 22
Collection de l'ACO

*Accident mortel aux 24 Heures
du Mans, 1937*
Non daté
Dessin
39 x 34 cm (avec encadrement)
Collection particulière

Voiture ancienne et voiture de course
n. d.
Pencil on tracing paper
46 x 59 cm (with frame)
Private collection

Salon de l'auto, Project for the cover
of the *Englebert* revue
n. d.
Gouache
40 x 29 cm
Private collection

Le Casque rouge
n. d.
Lithography
45 x 64.7 cm
Musées de Laval

Le Casque bleu
n. d.
Lithography
45 x 64.7 cm
Musées de Laval

Couple à moto
n. d.
Lithography
40 x 60 cm
Private collection

Deux motards en course
n. d.
Lithography
40 x 60 cm
Private collection

Motard à Arpajon
n. d.
Lithography
45 x 64.7 cm
Musées de Laval

**The 24 Hours of Le Mans
(works and posters)**
*Passerelle à la courbe Dunlop
sur le circuit du Mans*
n. d. (circa 1930)
Drawing
20 x 18 cm
Private collection

Les 24 Heures du Mans
1933
Gouache
53 x 46 cm (with frame)
Private collection

Départ des 24 Heures du Mans
n. d. (circa 1939)
Drawing
18.5 x 33 cm
Private collection

Vue nocturne des stands, 1923
n. d. (circa 1949)
Watercolour published in Roger
Labric's book *Les 24 Heures du Mans*,
Automobile-Club de l'Ouest, Le Mans,
1949, p. 102
ACO collection

Les 24 Heures du Mans, 1923
n. d. (circa 1949)
Watercolour published in Roger Labric's
book, p. 97
65 x 53 cm
Private collection

*Passage devant les tribunes
des Hunaudières, 1925*
n. d. (circa 1949)
Watercolour published in Roger Labric's
book, p. 119
ACO collection

*La Disqualification du pilote Boileau,
1926*
n. d. (circa 1949)
Watercolour published in Roger Labric's
book, p. 127
ACO collection

Abandon des pilotes épuisés, 1927
n. d. (circa 1949)
Watercolour published in Roger Labric's
book, p. 146
ACO collection

Virage de Mulsanne, 1928
n. d. (circa 1949)
Watercolour published in Roger Labric's
book, p. 151
ACO collection

Stands de ravitaillement, 1931
n. d. (circa 1949)
Watercolour published in Roger Labric's
book, p. 186
ACO collection

Accident dans les bois, 1933
n. d. (circa 1949)
Watercolour published in Roger Labric's
book, p. 207
ACO collection

Messe, 1933
n. d.(circa 1949)
Watercolour published in Roger Labric's
book, p. 200
ACO collection

Vue d'un camping aménagé, 1934
n. d. (circa1949)
Watercolour published in Roger Labric,
p. 252
ACO collection

*Place de la République, Le Mans,
1939*
n. d. (circa1949)
Watercolour published in Roger Labric,
p. 252
ACO collection

Bugatti Delage gagnante, 1939
n. d. (circa 1949)
Watercolour published in Roger
Labric's book, p. 267
ACO collection

Pilotes
n. d. (circa 1949)
Watercolour published in Roger Labric's
book, p. 335
ACO collection

Les 24 Heures du Mans, 1950
1950
Aquarelle
53 x 58 cm
Collection particulière

Talbot Lago gagne les 24 Heures du Mans, 1950
Non daté
Lithographie
55,5 x 74,5 cm
Collection des Musées de Laval

Ravitaillement de la Talbot Lago victorieuse des 24 Heures du Mans, 1950
Non daté (vers 1950)
Dessin
22 x 31 cm
Collection particulière

« Le Monstre »,
Tank Cadillac Cunningham,
24 Heures du Mans, 1950
Non daté (vers 1950)
Dessin
21,5 x 26,5 cm
Collection particulière

Virage au Mans
Non daté (vers 1952)
Dessin
28 x 17,5 cm
Collection particulière

Les 24 Heures du Mans, 1952
Non daté
Aquarelle
Collection de l'ACO

Les 24 Heures du Mans, 1954
Non daté
Lithographie
70 x 80 cm (avec encadrement)
Collection particulière

Affiches de courses
Grand Prix de Monaco
1937
Affiche
119 x 80 cm
Collection du musée national du Sport

Grand Prix de l'ACF à Reims
1938
Affiche
30 x 40 cm
Collection particulière

Grand Prix de Reims
1947
Affiche
40 x 60 cm
Collection particulière

Grand Prix automobile meeting d'aviation, Nîmes
1947
Affiche
117 x 77 cm
Collection particulière

Grand Prix de Monaco
1948
Affiche
116 x 76 cm
Collection particulière

12 Heures internationales de Reims
1954
Affiche
47 x 87,5 cm
Collection particulière

Grand Prix de l'ACF à Reims
1954
Affiche
45 x 64 cm
Collection particulière

Grand Prix de France, championnat du monde motocycliste à Reims
1954
Affiche
39 x 59 cm
Collection particulière

Coupes de Paris à Montlhéry
1955
Affiche
80 x 58 cm
Collection particulière

12 Heures internationales de Reims
1955
Affiche
40 x 60 cm (avec encadrement)
Collection particulière

Les 24 Heures du Mans
1955
Affiche
56 x 38 cm
Collection particulière

Prix de Paris
1958
Affiche
117 x 76 cm
Collection particulière

Motocross des cinq nations, Avesnes-sur-Helpe, 25 mai 1953
Affiche
49 x 69,5 cm
Collection particulière

Portraits de pilotes
Autoportrait
Non daté (vers 1925)
Dessin rehaussé à la gouache
30 x 24,5 cm
Collection particulière

Sommer
Non daté (années 1930)
Dessins
39 x 47 cm
Collection particulière

Nuvolari et autres pilotes
Non daté (années 1930)
Dessins
20 x 44 cm
Collection particulière

Bugatti, aviateur et aviatrice
Non daté (vers 1930)
Dessins recto verso
18 x 21 cm
Collection particulière

Les Accessoires du champion
n. d.
Watercolour published in Roger Labric's book, p. 22
ACO collection

Accident mortel aux 24 Heures du Mans, 1937
n. d.
Drawing
39 x 34 cm (with frame)
Private collection

Les 24 Heures du Mans, 1950
1950
Watercolour
53 x 58 cm
Private collection

Talbot Lago gagne les 24 Heures du Mans, 1950
n. d.
Lithography
55.5 x 74.5 cm
Musées de Laval

Ravitaillement de la Talbot Lago victorieuse des 24 Heures du Mans, 1950
n. d. (circa 1950)
Drawing
22 x 31 cm
Private collection

"Le Monstre", Tank Cadillac Cunningham, 24 Heures du Mans, 1950
n. d. (circa 1950)
Drawing
21.5 x 26.5 cm
Private collection

Virage au Mans
n. d. (circa 1952)
Drawing
28 x 17.5 cm
Private collection

Les 24 Heures du Mans, 1952
Non daté
Watercolour
ACO Collection

Les 24 Heures du Mans, 1954
n. d.
Lithography
70 x 80 cm (with frame)
Private collection

Racing Posters
Grand Prix de Monaco
1937
Poster
119 x 80 cm
Musée national du Sport

Grand Prix de l'ACF à Reims
1938
Poster
30 x 40 cm
Private collection

Grand Prix de Reims
1947
Poster
40 x 60 cm
Private collection

Grand Prix automobile meeting d'aviation à Nîmes
1947
Poster
117 x 77 cm
Private collection

Grand Prix de Monaco
1948
Poster
116 x 76 cm
Private collection

12 Heures internationales de Reims
1954
Poster
47 x 87.5 cm
Private collection

Grand Prix de l'ACF à Reims
1954
Poster
45 x 64 cm
Private collection

Grand Prix de France, Championnat du monde motocycliste à Reims
1954
Poster
39 x 59 cm
Private collection

Coupes de Paris à Montlhéry
1955
Poster
80 x 58 cm
Private collection

12 Heures internationales de Reims
1955
Poster
40 x 60 cm (with frame)
Private collection

Les 24 Heures du Mans
1955
Poster
56 x 38 cm
Private collection

Prix de Paris
1958
Poster
117 x 76 cm
Private collection

Motocross des cinq nations, Avesnes-sur-Helpe, 25 mai 1953
Poster
49 x 69.5 cm
Private collection

Portraits of Drivers and Pilots
Autoportrait
n. d. (circa 1925)
Drawing highlighted with gouache
30 x 24.5 cm
Private collection

Amédée Gordini
Non daté (vers 1935)
Dessin
20 x 14,5 cm
Collection particulière

José Scaron
Non daté (vers 1947)
Dessin
41 x 24,5 cm (avec encadrement)
Collection particulière

Caricature du pilote Scaron
Non daté (vers 1947)
Dessin sur calque
50 x 51 cm (avec encadrement)
Collection particulière

Jean-Pierre Wimille
Non daté (vers 1947-1948)
Gouache
16 x 11 cm
Collection particulière

Paul Vallée
Non daté (vers 1948)
Dessin
42 x 32 cm
Collection particulière

Jules Goux
Non daté (vers 1970)
Dessin
28 x 22 cm
Collection particulière

Charles de Cortanze
Non daté
Dessin
38 x 44 cm (avec encadrement)
Collection particulière

Manifestations diverses
Menu du Gala de l'automobile
1934
Dépliant
25,5 x 33 cm
Collection particulière

Exposition internationale des Arts et Techniques, Paris, 1937, pavillon Roumanie-Hongrie
Non daté
Aquarelle
38,5 x 45,5 cm
Collection particulière

Exposition internationale des Arts et Techniques, Paris, 1937
Non daté
Lithographie
69,5 x 97 cm
Collection particulière

Illustrations diverses
1938
Revue *Plaisirs de France*
Collection particulière

12 Heures de Paris, 11 septembre 1938
Programme
12,5 x 23,5 cm
Collection particulière

Grand Prix de Nice, 22 avril 1946
Programme
16 x 24 cm
Collection particulière

Angoulême, 12 juin 1949
Programme
15,5 x 23 cm
Collection particulière

Rallye international gastronomique, 1950
Non daté
Gouache
54 x 71 cm (avec encadrement)
Collection particulière

Rallye international gastronomique, 9-19 juin 1950
1950
Affiche
51 x 76 cm
Collection particulière

Rallye gastronomique
1950
Dépliant
Collection particulière

Les 24 Heures du Mans
Journal *Ouest-France*, 23-24 juin 1951
36,5 x 51 cm
Collection particulière

Les 24 Heures du Mans, 1951
Programme
13,5 x 24 cm
Collection particulière

Les 24 Heures du Mans, 1952
Programme
13,5 x 24 cm
Collection particulière

Code de la route
1953
Ouvrage
17,5 x 11 cm
Collection particulière

Gala de l'automobile, 26 novembre 1954
Menu
24,5 x 32 cm
Collection particulière

Gala de l'automobile, 24 novembre 1955
Menu
24,5 x 32 cm
Collection particulière

Les 24 Heures du Mans
Journal *Ouest-France*, 11-12 juin 1955
36,5 x 51 cm
Collection particulière

Plan du circuit des 24 Heures du Mans
1956
Dépliant
Collection particulière

Sommer
n. d. (1930s)
Drawings
39 x 47 cm
Private collection

Nuvolari et autres pilotes
n. d. (1930s)
Drawings
20 x 44 cm
Private collection

Bugatti, aviateur et aviatrice
n. d. (circa 1930)
Recto-verso drawings
18 x 21 cm
Private collection

Amédée Gordini
n. d. (circa 1935)
Drawing
20 x 14.5 cm
Private collection

José Scaron
n. d. (circa 1947)
Drawing
41 x 24.5 cm (with frame)
Private collection

Caricature du pilote Scaron
n. d. (circa 1947)
Drawing on tracing paper
50 x 51 cm (with frame)
Private collection

Jean-Pierre Wimille
n. d. (circa 1947-1948)
Gouache
16 x 11 cm
Private collection

Paul Vallée
n. d. (circa 1948)
Drawing
42 x 32 cm
Private collection

Jules Goux
n. d. (circa 1970)
Drawing
28 x 22 cm
Private collection

Charles de Cortanze
n. d.
Drawing
38 x 44 cm (with frame)
Private collection

Miscellaneous Events
Menu du Gala de l'automobile
1934
Leaflet
25.5 x 33 cm
Private collection

Exposition internationale des Arts et Techniques, Paris, 1937 Pavillon Roumanie-Hongrie
n. d.
Watercolour
38,5 x 45,5 cm
Private collection

Exposition internationale des Arts et Techniques, Paris, 1937
n. d.
Lithography
69,5 x 97 cm
Private collection

Plaisirs de France
1938
Illustrations for journal
Private collection

12 Heures de Paris, 11 septembre 1938
Programme
12.5 x 23.5 cm
Private collection

Grand Prix de Nice, 22 avril 1946
Programme
16 x 24 cm
Private collection

Angoulême, 12 juin 1949
Programme
15.5 x 23 cm
Private collection

Rallye gastronomique en 1950
n. d.
Gouache
54 x 71 cm (with frame)
Private collection

Rallye international gastronomique, 9-19 juin 1950
1950
Poster
51 x 76 cm
Private collection

Rallye gastronomique, 1950
Leaflet
Private collection

Les 24 Heures du Mans
Ouest-France newspaper,
23-24 June 1951
36.5 x 51 cm
Private collection

Les 24 Heures du Mans, 1951
Programme
13.5 x 24 cm
Private collection

Les 24 Heures du Mans, 14 et 15 juin 1952
Programme
13.5 x 24 cm
Private collection

Code de la route
1953
Publication
17.5 x 11 cm
Private collection

Gala de l'automobile, 26 novembre 1954
Menu
24.5 x 32 cm
Private collection

Gala de l'automobile, 24 novembre 1955
Menu
24.5 x 32 cm
Private collection

Les 24 Heures du Mans
Journal *Ouest-France*, 1959
36,5 x 51 cm
Collection particulière

Illustrations du *Code de la route*
de Baudry de Saunier
Ouvrage
13,5 x 21,5 cm
Collection particulière

CONTEXTE ARTISTIQUE

Henry Valensi
L'Automobile en vitesse
1920
Aquarelle et gouache
27,5 x 48 cm (avec encadrement)
Collection particulière

Gordon Crosby
Targa Florio
1922
Aquarelle et gouache
60 x 60 cm (avec encadrement)
Collection particulière

Gordon Crosby
24 Heures du Mans
1933
Aquarelle
100 x 80 cm (avec encadrement)
Collection particulière

Albert Brenet
Aéromaritime
1937
Affiche
104 x 67,9 cm
Collection du musée de l'Air
et de l'Espace

HYDRAVIONS, BATEAUX

Atlantique sud
Non daté (vers 1932)
Dessin rehaussé à la gouache
46,9 x 62 cm
Collection des Musées de Laval

*Lieutenant de Vaisseau Paris
à la bouée*
Non daté (vers 1935)
Aquarelle et gouache
63 x 76 cm
Collection du musée de l'Hydraviation

*Lieutenant de Vaisseau Paris
sur le slip de Biscarrosse*
Non daté (vers 1935)
Aquarelle et gouache
62 x 77,3 cm
Collection du musée de l'Hydraviation

Intérieur d'un Latécoère 521
Non daté (vers 1935)
Gouache et craie
50,9 x 64,3 cm
Collection du musée de l'Hydraviation

*Cabine de pilotage du Lieutenant
de Vaisseau Paris*
Non daté (vers 1939)
Aquarelle et gouache
62,8 x 77,5 cm
Collection du musée de l'Hydraviation

Latécoère 631 en vol
Non daté (vers 1946)
Gouache
46,2 x 76,8 cm
Collection du musée de l'Hydraviation

Latécoère 631 avant arrêt moteur
Non daté (vers 1946)
Gouache et aquarelle
52 x 75,8 cm
Collection du musée de l'Hydraviation

*Cabine de pilotage
de Latécoère 631*
Non daté (vers 1946)
Gouache
52 x 75,5 cm
Collection du musée de l'Hydraviation

*Cabine des mécaniciens
de Latécoère 631*
Non daté (vers 1946)
Gouache
53 x 61,5 cm
Collection du musée de l'Hydraviation

Potez Cams 161 en vol
Non daté (vers 1946)
Lithographie
32 x 42,7 cm
Collection du musée de l'Hydraviation

Potez Sncan 161
Non daté (vers 1952)
Lithographie
47,5 x 63,3 cm
Collection des Musées de Laval

AVIATION

*Société de propagande
aéronautique, grand meeting
d'aviation, promenades aériennes,
acrobaties, simulacres de combat,
descentes en parachute*
1922
Affiche
87,5 x 125 cm
Collection particulière

6ᵉ Fête aérienne, Vincennes
1934
Affiche
69,7 x 50,2 cm
Collection du musée de l'Air
et de l'Espace

Fête de l'air, Villacoublay
1937
Affiche
159,3 x 109,5 cm
Collection du musée de l'Air
et de l'Espace

Les 24 Heures du Mans
Ouest-France newspaper,
11-12 June 1955
36.5 x 51 cm
Private collection

Map of the racetrack for
the 24 Hours of Le Mans
1956
Leaflet
Private collection

Les 24 Heures du Mans
Ouest-France newspaper, 1959
36.5 x 51 cm
Private collection

Code de la route by Baudry de Saunier
n. d.
Illustrations
13.5 x 21.5 cm
Private collection

ARTISTIC CONTEXT

Henry Valensi
L'Automobile en vitesse,
1920
Watercolour and gouache
27.5 x 48 cm (with frame)
Private collection

Frederick Gordon Crosby
Targa Florio,
1922
Watercolour and gouache
60 x 60 cm (with frame)
Private collection

Frederick Gordon Crosby
24 Heures du Mans,
1933
Watercolour
100 x 80 cm (with frame)
Private collection

Albert Brenet
Aéromaritime
1937
Poster
104 x 67.9 cm
Musée de l'Air et de l'Espace

AERONAUTICS

Atlantique sud
n. d. (circa 1932)
Drawing highlighted with gouache
46.9 x 62 cm
Musées de Laval

*Lieutenant de Vaisseau Paris
à la bouée*
n. d. (circa 1935)
Watercolour and gouache
63 x 76 cm
Musée de l'Hydraviation

*Lieutenant de Vaisseau Paris
sur le slip de Biscarrosse*
n. d. (circa 1935)
Watercolour and gouache
62 x 77.3 cm
Musée de l'Hydraviation

Intérieur d'un Latécoère 521
n. d. (circa 1935)
Gouache and chalk
50.9 x 64.3 cm
Musée de l'Hydraviation

*Cabine de pilotage du Lieutenant
de Vaisseau Paris*
n. d. (circa 1939)
Watercolour and gouache
62.8 x 77.5 cm
Musée de l'Hydraviation

Latécoère 631 en vol
n. d. (circa 1946)
Gouache
46.2 x 76.8 cm
Musée de l'Hydraviation

Latécoère 631 avant arrêt moteur
n. d. (circa 1946)
Gouache and watercolour
52 x 75.8 cm
Musée de l'Hydraviation

Cabine de pilotage de Latécoère 631
n. d. (circa 1946)
Gouache
52 x 75.5 cm
Musée de l'Hydraviation

*Cabine des mécaniciens
de Latécoère 631*
n. d. (circa 1946)
Gouache
53 x 61.5 cm
Musée de l'Hydraviation

Potez Cams 161 en vol
n. d. (circa 1946)
Lithography
32 x 42.7 cm
Musée de l'Hydraviation

Potez Sncan 161
n. d. (circa 1952)
Lithography
47.5 x 63.3 cm
Musées de Laval

AVIATION

*Société de propagande
aéronautique, grand meeting
d'aviation, promenades aériennes,
acrobaties, simulacres de combat,
descentes en parachute*
1922
Poster
87.5 x 125 cm
Private collection

6ᵉ Fête aérienne, Vincennes
1934
Poster
69.7 x 50.2 cm
Musée de l'Air et de l'Espace

Fête de l'air, Villacoublay
1937
Poster
159.3 x 109.5 cm
Musée de l'Air et de l'Espace

Fête de l'air, Villacoublay
1938
Affiche
60 x 40 cm
Collection du musée de l'Air
et de l'Espace

Fête de l'air, Villacoublay
1938
Programme
23 x 15,5 cm
Collection particulière

Salon de l'aéronautique
1949
Couverture originale de la revue
Élites françaises
Aquarelle et gouache sur papier
57 x 48 cm (avec encadrement)
Collection particulière

Avion Caudron Goéland
Non daté
Dessin sur calque
51 x 61 cm (avec encadrement)
Collection particulière

Trimoteur Air Océan
Non daté
Gouache
70 x 50 cm
Collection particulière

Étude d'un avion à réaction
Non daté
Dessin
73 x 59 cm (avec encadrement)
Collection particulière

Guynemer
Non daté
Affiche
49 x 30,3 cm
Collection des Musées de Laval

Saint-Exupéry
Non daté
Dessin
30 x 20 cm
Collection particulière

Illustrations diverses
Non daté
Buvard
16 x 16 cm
Collection particulière

ANNÉES DE FORMATION

Course de motocyclettes au Mans
1912
Série d'aquarelles
9 x 14,5 cm
Collection des Musées de Laval

Avion Caudron Frères
Non daté (vers 1912)
Dessin
40 x 51 cm (avec encadrement)
Collection particulière

Course d'automobiles
1913
Série d'aquarelles
9 x 14,5 cm
Collection des Musées de Laval

7ᵉ meeting automobile, Laval
1913
Série d'aquarelles
9 x 14,5 cm
Collection des Musées de Laval

Autoportrait
1918
Dessin
47 x 62,5 cm
Collection particulière

La Perrine
1919
Huile sur panneau
26,7 x 35 cm
Collection des Musées de Laval, don
de l'association Les Amis de Géo Ham

Tête d'homme
Non daté
Dessin
35 x 45 cm (avec encadrement)
Collection particulière

*Nu féminin, jeune femme
à la cruche*
Non daté
Dessin
44 x 56 cm (avec encadrement)
Collection particulière

Étude (d'après l'*Aurige
de Delphes*?)
Non daté
Dessin
47 x 62,5 cm
Collection particulière

Portrait de femme
Non daté
Dessin
47 x 62,5 cm
Collection particulière

Buste masculin
Non daté
Dessin
47 x 62,5 cm
Collection particulière

Homme allongé
Non daté
Dessin
47 x 62,5 cm
Collection particulière

Portrait d'homme
Non daté
Dessin
47 x 62,5 cm
Collection particulière

Homme à la moustache
Non daté
Dessin
18 x 26 cm
Collection particulière

Le Colisée
1920
Programme du théâtre
21 x 12,5 cm
Collection particulière

Fête de l'air, Villacoublay
1938
Poster
60 x 40 cm
Musée de l'Air et de l'Espace

Fête de l'air, Villacoublay
1938
Programme
23 x 15.5 cm
Private collection

Salon de l'aéronautique
1949
Watercolour and gouache on paper
Original cover of the journal *Élites
françaises*, 1949
57 x 48 cm (with frame)
Private collection

Avion Caudron Goéland
n. d.
Drawing on tracing paper
51 x 61 cm (with frame)
Private collection

Trimoteur Air Océan
n. d.
Gouache
70 x 50 cm
Private collection

Étude d'un avion à réaction
n. d.
Drawing
73 x 59 cm (with frame)
Private collection

Guynemer
n. d.
Poster
49 x 30.3 cm
Musées de Laval

Saint-Exupéry
n. d.
Drawing
30 x 20 cm
Private collection

Illustrations
n. d.
Blotting paper
16 x 16 cm
Private collection

FORMATIVE YEARS

Course de motocyclettes au Mans
1912
Series of watercolours
9 x 14.5 cm
Musées de Laval

Avion Caudron Frères
n. d. (circa 1912)
Drawing
40 x 51 cm (with frame)
Private collection

Course d'automobiles
1913
Series of watercolours
9 x 14.5 cm
Musées de Laval

7ᵉ meeting automobile, Laval
9 mai 1913
Series of watercolours
9 x 14.5 cm
Musées de Laval

Autoportrait
1918
Drawing
47 x 62.5 cm
Private collection

La Perrine
1919
Oil on board
26.7 x 35 cm
Musées de Laval, donation from
the association Les Amis de Geo Ham

Tête d'homme
n. d.
Drawing
35 x 45 cm (with frame)
Private collection

Nu féminin, jeune femme à la cruche
n. d.
Drawing
44 x 56 cm (with frame)
Private collection

Étude (after *The Charioteer
of Delphi*?)
n. d.
Drawing
47 x 62.5 cm
Private collection

Portrait de femme
n. d.
Drawing
47 x 62.5 cm
Private collection

Buste masculin
n. d.
Drawing
47 x 62.5 cm
Private collection

Homme allongé
n. d.
Drawing
47 x 62.5 cm
Private collection

Portrait d'homme
n. d.
Drawing
47 x 62.5 cm
Private collection

Homme à la moustache
n. d.
Drawing
18 x 26 cm
Private collection

Le Colisée
1920
Theatre programme
21 x 12.5 cm
Private collection

Portrait de Guy de Montjou
(député de la Mayenne)
Non daté (vers 1922)
Dessins recto verso
25 x 19 cm
Collection particulière

CRÉATIONS PUBLICITAIRES

Benjamin
Non daté (vers 1920-1922)
Illustration pour le catalogue
de la marque
Gouache et aquarelle
46 x 55 cm (avec encadrement)
Collection particulière

Benjamin
Magazine *Automobilia*, n° 129,
30 septembre 1922
23,5 x 18,5 cm
Collection particulière

Telle femme… telle voiture
Magazine *Automobilia*, n° 129,
30 septembre 1922
30 x 41 cm
Collection particulière

Cozette
Magazine *Automobilia*, n° 129,
30 septembre 1922
23,5 x 18,5 cm
Collection particulière

Champagne Auguste Revelly
Non daté (vers 1925)
Carton publicitaire
40 x 29 cm
Collection particulière

Meyrowitz
1925
Affiche – imprimerie Ateliers
Publietout, Paris
156 x 116 cm
Collection du musée de l'Air
et de l'Espace

Mobiloil
Revue *L'Illustration*,
1er décembre 1928, p. XXXVII
38 x 28 cm
Collection de la bibliothèque Forney

Talbot Pacific
Revue *L'Illustration*,
18 octobre 1930, p. XXV
38 x 28 cm
Collection de la bibliothèque Forney

*Dunlop, record du monde
de vitesse*
1931
Affiche
50 x 65 cm
Collection particulière

Huiles Spidoléine
1931
Affiche
75 x 52 cm
Collection particulière

Freins Boyriven
1935
Tôle publicitaire
28 x 14 cm
Collection particulière

Rolls-Royce Phantom III
Revue *L'Illustration*,
26 octobre 1935, p. II
38 x 28 cm
Collection de la bibliothèque Forney

Chenard et Walker
Revue *L'Illustration*, 8 février 1936, p. II
38 x 28 cm
Collection de la bibliothèque Forney

Meyrowitz
Non daté (années 1930)
Affiche – imprimerie Ateliers
Publietout, Paris
157,6 x 118 cm
Collection du musée national du Sport

Motoconfort
Non daté (années 1930)
Affiche – imprimerie Barataud,
Courteau & Cie, Paris
79,5 x 118 cm
Collection du musée national du Sport

*Étude stylistique de véhicule
publicitaire*
Non daté (vers 1950)
Gouache
44 x 62 cm
Collection particulière

Bretocycle Graphite
1952
Affiche
93 x 72,5 cm
Collection particulière

Kléber-Colombes, 1952
Page de calendrier : printemps
42 x 61,5 cm
Collection particulière

Kléber-Colombes, 1952
Page de calendrier : été
42 x 61,5 cm
Collection particulière

Kléber-Colombes, 1952
Page de calendrier : automne
42 x 61,5 cm
Collection particulière

Kléber-Colombes, 1952
Page de calendrier : hiver
42 x 61,5 cm
Collection particulière

Monomill
1954
Affiche – imprimerie Soula-Chollet,
Narbonne
59 x 38,6 cm
Collection du musée national du Sport

*Étude stylistique de véhicule
publicitaire*
Non daté (vers 1958)
Gouache
25 x 40 cm
Collection particulière

Portrait de Guy de Montjou
(MP for Mayenne)
n. d. (circa 1922)
Recto-verso drawings
25 x 19 cm
Private collection

ADVERTISING CREATIONS

Benjamin
n. d. (circa 1920-1922)
Illustration for the brand's catalogue
Gouache and watercolour
46 x 55 cm (with frame)
Private collection

Benjamin
Automobilia magazine, n° 129,
30 September 1922
23.5 x 18.5 cm
Private collection

Telle femme… telle voiture
Automobilia magazine, n° 129,
30 September 1922
30 x 41 cm
Private collection

Cozette
Automobilia magazine, n° 129,
30 September 1922
23.5 x 18.5 cm
Private collection

Champagne Auguste Revelly
n. d. (circa 1925)
Advertising card
40 x 29 cm
Private collection

Meyrowitz
1925
Poster
Printer: Ateliers Publietout, Paris
156 x 116 cm
Musée de l'Air et de l'Espace

Mobiloil
Page from the magazine *L'Illustration*,
1 December 1928, p. XXXVII
38 x 28 cm
Bibliothèque Forney

Talbot Pacific
Page from the magazine *L'Illustration*,
18 October 1930,
p. XXV
38 x 28 cm
Bibliothèque Forney

Dunlop, record du monde de vitesse
1931
Poster
50 x 65 cm
Private collection

Huiles Spidoléine
1931
Poster
75 x 52 cm
Private collection

Freins Boyriven
1935
Advertising plate
28 x 14 cm
Private collection

Rolls-Royce Phantom III
Page from the magazine *L'Illustration*
26 October 1935, p. II
38 x 28 cm
Bibliothèque Forney

Chenard et Walker
Page from the magazine *L'Illustration*
8 February 1936, p. II
38 x 28 cm
Bibliothèque Forney

Meyrowitz
n. d. (1930s)
Poster
Printer: Ateliers Publietout, Paris
157.6 x 118 cm
Musée national du Sport

Motoconfort
n. d. (1930s)
Poster
Printer: Barataud, Courteau & Cie, Paris
79.5 x 118 cm
Musée national du Sport

*Étude stylistique de véhicule
publicitaire*
n. d. (circa 1950)
Gouache
44 x 62 cm
Private collection

Bretocycle Graphite
1952
Poster
93 x 72.5 cm
Private collection

Kléber-Colombes, 1952
Page from the calendar: Spring
42 x 61.5 cm
Private collection

Kléber-Colombes, 1952
Page from the calendar: Summer
42 x 61.5 cm
Private collection

Kléber-Colombes, 1952
Page from the calendar: Autumn
42 x 61.5 cm
Private collection

Kléber-Colombes, 1952
Page from the calendar: Winter
42 x 61.5 cm
Private collection

Monomill
1954
Poster
Printer: Soula-Chollet, Narbonne
59 x 38.6 cm
Musée national du Sport

*Étude stylistique de véhicule
publicitaire*
n. d. (circa 1958)
Gouache
25 x 40 cm
Private collection

Yacco, huile des records du monde
1959
Affiche
61 x 81 cm
Collection particulière

Pernod
Non daté
Gouache
Collection de l'ACO

Energol
Non daté
Gouache
Collection de l'ACO

*Dunlop, pneu de sécurité
pour avion – pour auto*
Magazine *Les Annales*, p. v
31,5 x 24 cm
Collection de la bibliothèque Forney

Biscottes Magdeleine
(hélicoptère Sikorsky S-51)
Non daté
Buvard
20,8 x 9,7 cm
Collection du musée de l'Air
et de l'Espace

Biscottes Magdeleine
(avion MD 450 Ouragan)
Non daté
Buvard
20,8 x 9,7 cm
Collection du musée de l'Air
et de l'Espace

Chocolat Meunier
Non daté
Aquarelle
Collection de l'ACO

Chocolat Meunier
Non daté
Aquarelle
Collection de l'ACO

Sécurité pour pneu Goodrich
Plaque émaillée
61 x 81 cm
Collection particulière

Perce-brouillard, bougies Bosch
Plaque peinte
30 x 40 cm
Collection particulière

Englebert
Page de magazine
33 x 25 cm
Collection de la bibliothèque Forney

REPORTAGES DIVERS
Potez de la Croisière noire
1933
Lithographie
30 x 48,1 cm
Collection du musée de l'Air
et de l'Espace

Scène militaire
Non daté (vers 1939-1940)
Aquarelle et gouache
54 x 46 cm (avec encadrement)
Collection particulière

Scène militaire
Non daté (vers 1939-1940)
Aquarelle et gouache
54 x 46 cm (avec encadrement)
Collection particulière

Victoire aérienne française
Non daté (vers 1940)
Aquarelle
40,5 x 67,8 cm
Collection du musée de l'Air
et de l'Espace

L'Exode
Non daté (vers 1940)
Dessin rehaussé à la gouache
30 x 42 cm
Collection particulière

*La Cérémonie au monument
aux morts*
Non daté (vers 1940)
Dessin
44 x 27 cm
Collection particulière

Croix avec casque et lunettes
Non daté
Dessin
44,5 x 46,5 cm
Collection particulière

Lâcher de bombes
Non daté
Lithographie
29,1 x 24 cm
Collection du musée de l'Air
et de l'Espace

Camions de troupes anglaises
Non daté
Gouache sur carton
43,8 x 65,5 cm
Collection des Musées de Laval

Scène militaire
Non daté
Aquarelle
67 x 46 cm
Collection particulière

Trappe d'Entrammes
Non daté (vers 1941)
Série de huit gouaches parues dans
L'Illustration, n° 5149, 15 novembre
1941
« Moine malaxant la pâte à fromage » :
45 x 39 cm
« Moine dosant la matière grasse
du lait » : 45 x 39 cm
« Salle des presses à fromage » :
49 x 65 cm
« Grande salle de fabrication
du fromage » : 46 x 64 cm
« Salle de stockage du fromage » :
57,5 x 37,5 cm
« Cour de l'abbaye » : 49 x 65 cm
« Salle avec baratte et malaxeur » :
46 x 66,5 cm
« Moine apposant la marque
de l'abbaye » : 45 x 39 cm
Collection particulière

Yacco, huile des records du monde
1959
Poster
61 x 81 cm
Private collection

Pernod
n. d.
Gouache
ACO collection

Energol
n. d.
Gouache
ACO collection

*Dunlop, pneu de sécurité
pour avion – pour auto*
Page from the magazine *Les Annales*,
p. v
31.5 x 24 cm
Bibliothèque Forney

Biscottes Magdeleine
(Sikorsky S-51 helicopter)
n. d.
Blotting paper
20.8 x 9.7 cm
Musée de l'Air et de l'Espace

Biscottes Magdeleine
(MD 450 Ouragan aeroplane)
n. d.
Blotting paper
20.8 x 9.7 cm
Musée de l'Air et de l'Espace

Chocolat Meunier
n. d.
Watercolour
Collection de l'ACO

Chocolat Meunier
n. d.
Watercolour
Collection de l'ACO

Sécurité pour pneu Goodrich
Enameled plaque
61 x 81 cm
Private collection

Perce-brouillard, Bougies Bosch
Painted plaque
30 x 40 cm
Private collection

Englebert
Magazine page
33 x 25 cm
Bibliothèque Forney

MISCELLANEOUS REPORTS
Potez de la Croisière noire
1933
Lithography
30 x 48.1 cm
Musée de l'Air et de l'Espace

Scène militaire,
n. d. (circa 1939-1940)
Watercolour and gouache
54 x 46 cm (with frame)
Private collection

Scène militaire,
n. d. (circa 1939-1940)
Watercolour and gouache
54 x 46 cm (with frame)
Private collection

Victoire aérienne française,
n. d. (circa 1940)
Watercolour
40.5 x 67.8 cm
Musée de l'Air et de l'Espace

L'Exode
n. d. (circa 1940)
Drawing highlighted with gouache
30 x 42 cm
Private collection

*La Cérémonie au monument
aux morts*
n. d. (circa 1940)
Drawing
44 x 27 cm
Private collection

Croix avec casque et lunettes
n. d.
Drawing
44.5 x 46.5 cm
Private collection

Lâcher de bombes
n. d.
Lithography
29.1 x 24 cm
Musée de l'Air et de l'Espace

Camions de troupes anglaises
n. d.
Gouache on cardboard
43.8 x 65.5 cm
Musées de Laval

Scène militaire
n. d.
Watercolour
67 x 46 cm
Private collection

Trappe d'Entrammes,
n. d. (circa 1941)
Series of eight gouaches published
in *L'Illustration*, n° 5149,
15 November 1941
- "Moine malaxant la pâte à
fromage", 45 x 39 cm
- "Moine dosant la matière grasse
du lait", 45 x 39 cm
- "Salle des presses à fromage",
49 x 65 cm
- "Grande salle de fabrication
du fromage", 46 x 64 cm
- "Salle de stockage du fromage",
57.5 x 37.5 cm
- "Cour de l'abbaye", 49 x 65 cm
- "Salle avec baratte et malaxeur",
46 x 66.5 cm
- "Moine apposant la marque
de l'abbaye", 45 x 39 cm
Private collection

Crédits photographiques/Photographic Credits

Philippe Fuzeau : p. 8, 10, 14, 21, 29, 37, 39, 55, 59, 92, 98, 100-102, 106-114, 117-131, 134-143, 148-150
Chantal Gayaud : p. 54
Étienne Tonin : p. 62, 80, 132, 147
L'Illustration : p. 30, 32, 50, 51, 84
Musée de l'Air et de l'Espace, Le Bourget : p. 35, 46, 57, 144, 145
Musée national du Sport, Paris : p. 34
Musées de Laval : p. 17, 25, 27, 29, 41, 44, 54, 115, 116, 133

Nous remercions l'ensemble des prêteurs, marques
et ayants droit qui ont accepté la diffusion des illustrations
de Géo Ham dans ce catalogue.
Nous nous excusons par avance de tout oubli involontaire.
Nous réservons toutefois les droits usuels nécessaires.
Philippe Fuzeau
Chantal Gayaud, Auvergne reportages
Clichés de la ville de Laval
L'Illustration
Droits d'auteur réservés pour les affiches : éditions Clouet

Photogravure a été réalisée par Quat'Coul (Toulouse)
Cet ouvrage a été achevé d'imprimer sur les presses
de Re.Bus srl (Italie) en octobre 2007

We would like to thank all the lenders, brands,
and copyright owners who agreed to publish the illustrations
by Geo Ham in this catalogue.
We apologise in advance for any unintentional oversight.
All standard rights nonetheless reserved.
Philippe Fuzeau
Chantal Gayaud, Auvergne reportages
Clichés de la Ville de Laval
L'Illustration
Copyright reserved on posters: Éditions Clouet

Photoengraving by Quat'Coul (Toulouse)
Printed by Re.Bus srl (Italy) in October 2007